اردو طنز و مزاح شاعری

کے جدید دور

(مضامین)

محمد شعیب

© Taemeer Publications LLC

Urdu Tanz-o-Mizaah Shairi ke jadeed Daur (Essays)

by: Mohammad Shoaib

Edition: April '2024

Publisher :

Taemeer Publications LLC (Michigan, USA / Hyderabad, India)

ISBN 978-93-5872-308-3

©محمد شعیب

کتاب	:	اردو طنز و مزاح شاعری کے جدید دور
مصنف	:	محمد شعیب
پروف ریڈنگ / تدوین	:	اعجاز عبید
صنف	:	غیر افسانوی نثر
ناشر	:	تعمیر پبلی کیشنز (حیدرآباد، انڈیا)
سالِ اشاعت	:	۲۰۲۴ء
صفحات	:	۹۰
سرورق ڈیزائن	:	تعمیر ویب ڈیزائن

فہرست

پیش لفظ

اردو طنز و مزاح کی تاریخ و ترویج میں "اودھ پنچ" کو سنگ میل کی حیثیت حاصل ہے۔ طنزیہ و مزاحیہ اُردو شاعری کی تحقیق و تنقید میں "اودھ پنچ" کو مرکز رکھ کر مختلف عناوین سے ابواب تحریر کیے گئے ہیں۔ پہلی کتاب "اردو شاعری میں طنز و مزاح" میں یہ چار ابواب شامل رہے: (۱) اودھ پنچ سے پہلے کا عہد، (۲) اودھ پنچ کا عہد، (۳) اکبر الہ آبادی اور ظریف لکھنوی، (۴) علامہ اقبال اور جوش ملیح آبادی۔

اس دوسری کتاب "اردو طنز و مزاح شاعری کے جدید دور" میں دو ابواب شامل ہیں۔

قیام پاکستان سے لے کر ۱۹۸۰ء تک کی طنزیہ و مزاحیہ شاعری کا جائزہ پیش کرتے ہوئے، اس عہد کے اہم شعرا کا الگ الگ تذکرہ کیا گیا ہے۔ اسی تسلسل میں مقالے کا دوسرا باب ۱۹۸۰ء سے لے کر ۲۰۰۸ء تک کی طنزیہ و مزاحیہ شاعری کے جدید رجحانات کا احاطہ کیے ہوئے ہے۔

محمد شعیب (واہ کینٹ)

فروری ۲۰۱۱ء

باب اول

طنزیہ و مزاحیہ شاعری کا جدید دور

(۱۹۴۷ء تا ۱۹۸۰ء)

طنزیہ و مزاحیہ شاعری کا جدید دور قیامِ پاکستان سے شروع ہوتا ہے اور اس کا دائرہ اثر ۱۹۸۰ء تک پہنچتا ہے۔ اس دور میں طنزیہ و مزاحیہ شاعری مختلف اخبارات و رسائل اور عام مشاعروں کے ذریعے عوام تک پہنچی۔ کبھی کبھار مشاعروں میں مزاح گو شعرا کو بھی دعوتِ کلام دے دی جاتی تھی تاکہ سنجیدہ مشاعروں کی سنجیدگی کے رنگ کو بدلا جا سکے۔ وقت گزرنے کے ساتھ آہستہ آہستہ مزاح گو شعرا نے بھی مل بیٹھنا شروع کر دیا اور ۸۰ء تک آتے آتے مزاحیہ مشاعروں کا باقاعدہ اہتمام شروع ہو گیا۔ اس جدید عہد کو ہم طنزیہ و مزاحیہ شاعری کا عبوری عہد بھی کہہ سکتے ہیں کہ یہیں سے اس کو عوام و خواص میں پذیرائی ملنے کی ابتدا ہوتی ہے۔ ڈاکٹر انعام الحق جاوید کے طنزیہ و مزاحیہ شاعری کے چار صدیوں پر محیط تذکرے "گلہائے تبسم" کے مطالعے سے معلوم ہوتا ہے کہ اس عہد میں کئی شعرا نے طنز و مزاح کی راہ اختیار کی لیکن وہ معروف نہ ہو سکے۔ اس باب میں اُن شعرا کا تذکرہ مذکور ہے جنھوں نے اپنی ذات میں ایک دبستان کی حیثیت اختیار کر لی، ہمہ وقت مزاح گو شاعر کہلائے اور چمنستانِ طنز و مزاح کو تر و تازہ کیا۔ ان میں راجہ مہدی علی خان، حاجی لق لق، ظریف جبل پوری، خضر تمیمی، سیّد محمد جعفری،

مجید لاہوری، نذیر احمد شیخ اور آزر عسکری خاص طور پر قابلِ ذکر ہیں۔

ا۔راجہ مہدی علی خان

طنزیہ و مزاحیہ شاعری کے اس عہد میں ان کا نام خاص طور پر اہمیت کا حامل ہے۔ اس کی وجہ یہ ہے کہ انھوں نے سماجی بُرائیوں اور زندگی کے حقائق پر نشتر زنی کی ہے۔ راجہ مہدی علی خان کی نظموں میں طنز و مزاح کی کئی جہتیں بیک وقت عمل پذیر ہو کر قاری کے ذہن کو جھنجوڑنے لگتی ہیں اور وہ گہری سوچ سوچنے پر مجبور ہو جاتا ہے۔ ڈاکٹر وزیر آغا اسی حوالے سے لکھتے ہیں:

"۔۔۔راجہ مہدی علی خان کی نظموں میں بعض حقائق کو طشت از بام کر کے خواب پرستوں کی ذہنی اُڑان کو روکنے کی بھی ایک واضح سعی نظر آتی ہے۔ مثلاً ان کی نظم "چور اور خدا" میں اگر دعا کی جذباتیت کو نشانۂ طنز بنایا گیا ہے تو "کانے کے آنسو" میں محبت کی جذباتیت کو رسوا کرنے کی کوشش کی گئی ہے۔ مگر وہ ان باتوں سے ذرا ہٹ کر ٹھوس حقائق کی طرف متوجہ ہوتے ہیں تو "اجی پہلے آپ" اور "ملاقاتی" جیسی تخلیقات معرضِ وجود میں آنے لگتی ہیں اور طنز کی نشتریت تیز سے تیز تر ہو جاتی ہے۔ لیکن اس سلسلے میں راجہ صاحب کی بہترین نظم "ایک چہلم پر" ہے جس میں انتہائی خوبی اور جرأت سے سماج کی بعض دلچسپ رسوم کے مضحک پہلوؤں کو بے نقاب کیا گیا ہے۔"[۱]

نظم "ایک چہلم پر" ملاحظہ کریں جس میں پائی جانے والی طنز کی تیز تر لہروں کا ذکر ڈاکٹر وزیر آغا نے درج بالا اقتباس میں کیا ہے:

ایک چہلم پر

رضیہ ذرا گرم چاول تو لانا!

ذکیہ ذرا ٹھنڈا پانی پلانا!

بہت خوبصورت بہت نیک تھا وہ
ہزاروں جوانوں میں بس ایک تھا وہ
منگانا پلاؤ ذرا اور خالہ!
بڑھانا ذرا قورمے کا پیالہ!
جدھر دیکھتے ہیں ادھر غم ہی غم ہے
کریں اس کا جتنا بھی ماتم وہ کم ہے
پڑا ہے پلاؤ میں گھی ڈالڈے کا
خدا تو ہی حافظ ہے میرے گلے کا
دُلہن سے کہو آہ! اتنا نہ روئے
بچاری نہ بے کار میں جان کھوئے
اری بوٹیاں تین سالن میں تیرے
یہ چھچھڑا لکھا تھا مقدر میں میرے
بہت خوبصورت بہت نیک تھا وہ
ہزاروں جوانوں میں بس ایک تھا وہ
دلہن گھر میں چورن اگر ہو تو لانا
نہیں تو ذرا کھاری بوتل منگانا
نہ کر بین اتنے نہ رو اتنا پیاری
ہمارے کلیجے پہ چلتی ہے آری!

راجہ مہدی علی خان نے طنز کے ساتھ خالص مزاح گوئی کے نمونے بھی یادگار چھوڑے ہیں۔ ان میں زیادہ گہرائی میں جائے بغیر مفہوم تک پہنچا جا سکتا ہے اور طنز کا

شائبہ تک نہیں ہوتا۔ "ڈاکوؤں سے انٹرویو" ایسی ہی ایک نظم ہے جس کے چند اشعار درج ذیل ہیں:

ڈاکوؤں سے انٹرویو

جی اس بندے کو ویسے تو ابو داؤد کہتے ہیں
بہت سے مہرباں لیکن ابو المردود کہتے ہیں
مرے والد فرید آباد کے مشہور ڈاکو تھے
خدا بخشے انھیں، اپنے زمانے کے ہلاکو تھے
نہیں تھا چور کوئی شہر میں دادا کے پائے کا
چرا کر گھر میں لے آئے تھے کتا وائسرائے کا
مرے ماموں کے جعلی نوٹ امریکا میں چلتے تھے
ہزاروں چور ڈاکو ان کی نگرانی میں پلتے تھے
مرے پھوپھا چھٹے بدمعاش تھے اپنے زمانے کے
خدا بخشے بہت شوقین تھے وہ جیل خانے کے
خُسر صاحب سخاوت پور کی رانی بھگا لائے
مرے ہم زُلف اس کی تین بہنوں کو اُٹھا لائے
مرے بھائی نے کی تھی فور ٹونٹی چیف جسٹس سے
وہ جب بگڑا، جلادیں اس کی مونچھیں اپنی ماچس سے
بڑے وہ لوگ تھے لیکن یہ بندہ بھی نہیں کچھ کم
خدا کا فضل ہے مجھ پر نہیں مجھ کو بھی کوئی غم
میں راجوں اور مہاراجوں کی جیبیں بھی کترتا تھا

چرس، کوکین اور افیون کادھندا بھی کرتا تھا

مرے معمولی شاگردوں نے چودہ بینک لوٹے تھے

مری کوشش سے باعزت بری ہو کر وہ چھوٹے تھے

عدالت مانتی تھی میری قانونی دلیلوں کو

کرایا میں نے اندر شہر کے پندرہ وکیلوں کو

جو دن میں نے گزارے، شان و شوکت سے گزارے ہیں

ذرا کچھ ان دنوں ہی میرے گردش میں ستارے ہیں

راجہ صاحب کے دو شعری مجموعے ''مضراب'' اور ''اندازِ بیاں اور'' منظر عام پر
آئے۔ ان کی مقبول و معروف نظموں میں ''چور کی دعا، مثنوی قہر البیان، پنجاب کے
دیہات میں اردو، ملاقاتی، ایک چہلم پر، اجی پہلے آپ، کانے کے آنسو'' وغیرہ ہیں۔

۲۔ حاجی لق لق

ان کی شاعری میں مزاح کا عنصر غالب ہے۔ انھوں نے عشق، محبت، حسن کے
ساتھ معاصر سیاسی لیڈروں اور سیاسی رجحانات پر تسلسل کے ساتھ طبع آزمائی کی ہے۔
تحریف ان کی طنزیہ و مزاحیہ شاعری کا اہم ہتھیار ہے اور معروف شعرا کی غزلیات کی
پیروڈیاں ان کے مجموعہ کلام ''منقار لق لق'' میں شامل ہیں۔ غزلیات کے چند منتخب اشعار
دیکھیے جن سے مزاح پوری طرح عیاں ہے:

وہ آئیں گھر پہ مرے مجھ کو اعتبار نہیں

یہ میر اگھر ہے کسی پیر کا مزار نہیں

تر امریض ہوں کسی ڈاکٹر کا گھر نہ بتا

یہ درد عشق ہے ظالم کوئی بخار نہیں

حال تیرے ہجر میں کیا دیکھ دلبر ہو گیا
روتے روتے میرا اوور کوٹ بھی تر ہو گیا
رات دن ہوتا ہے میرے دل کے ارمانوں کا خون
دل میرا بھی شومئ قسمت سے سکھر ہو گیا

اے جاں تری بزم میں کیا کیا نہیں ہوتا
گانا نہیں ہوتا ہے کہ مجرا نہیں ہوتا
کیوں جمع مرے گرد ہے مخلوق خدا کی
میں ہوں، کوئی بندر کا تماشا نہیں ہوتا
کیا کھانے پہ اس شوخ کو بلوائیے لق لق
گر دیگچہ ہوتا ہے تو چمچہ نہیں ہوتا

ہندوؤں کے سیاسی رہنما گاندھی اپنے ساتھ ایک بکری رکھتے تھے جس کا مضحکہ حاجی لق لق نے "گاندھی کی بکری" کے عنوان سے اُڑایا ہے۔ اس نظم کے دو بند دیکھیے:

یہ بکری بھی دیوی ہے نزدیک ہندو
یہ کرتی ہے میں میں وہ کرتے ہیں تُو تُو
دو سینگ اس کے ہیں غیرت شاخ آہو
بڑا مست ہے اس پہ ہندو کا باپو
بڑھاپے میں اس کا یہی ہے سہارا
مسلماں کو گاندھی کی بکری نے مارا

مسلماں سے کہتی ہے بکری کہ آؤ

مسلماں بڑی بی سے کہتا ہے جاؤ
یہ کہتی ہے مجھ سے ذرا دل لگاؤ
وہ کہتا ہے تیرا پکے گا پلاؤ
یہ جھگڑا بڑھا جا رہا ہے ہمارا
مسلماں کو گاندھی کی بکری نے مارا

حاجی لق لق کی ایک اہم نظم "مقصدِ حیات" ہے جو زندگی کے بیشتر گوشوں کا طنزیہ و مزاحیہ تنقیدی روپ ہے۔ اس نظم میں انسانی نفسیات کے پس پردہ محرکات کا بیان شاعر کے عمیق مشاہدات کا گواہ ہے۔ مسدس کی ہئیت میں لکھی گئی اس نظم کے چند بند دیکھیے:

زندگی کیا چیز ہے کس دیس کی سوغات ہے
آؤ ہم بتلائیں کیوں جیتے ہیں، کیا بات ہے
زندگی اپنی نمائش گاہِ پاکستان ہے
چار دن بجلی کا لیمپ اور پھر اندھیری رات ہے
آئے ہیں دنیا میں ہم کچھ کام کرنے کے لیے
کچھ خدا سے اور کچھ بیوی سے ڈرنے کے لیے

زندگی کا ایک مقصد لیڈری کرنا بھی ہے
چندہ کھا کر قوم کی اُلفت کا دم بھرنا بھی ہے
ملک پر جاں دینا لفظی طور پر مرنا بھی ہے
اس پہ 'مردہ باد' کے نعروں سے کچھ ڈرنا بھی ہے

گرم جلسوں میں رہے ہنگامہ شیخ و شباب
کان میں آتے رہیں بس نعرہ ہائے انقلاب

مقصدِ حجام ہے عورت بنانا مرد سے
مقصد اپنا ہے ڈرانا بُت کو آہِ سرد سے
کام کُتوں کا سدا آوارہ کوچہ گرد سے
ڈاکٹر کے ایکسرے سے اور دلِ پُر درد سے
یہ ایڈیٹر کا ہے مقصد جنگ چھڑ جائے کہیں
یہ نہیں تو مسلم اور ہندو ہی بھڑ جائے کہیں

زندگی کے اور مقصد بھی ہیں انساں کے لیے
کوئی ایواں کے لیے ہے کوئی زنداں کے لیے
کوئی گلشن کے لیے کوئی بیاباں کے لیے
اور تعلق ہے تو افکارِ پریشاں کے لیے
رات دن اس کا قلم مصروفِ 'لق لقیات' ہے
"چار دن کی چاندنی ہے پھر اندھیری رات ہے"

حاجی لق لق کی طنزیہ و مزاحیہ شاعری اس حوالے سے اہم ہے کہ اردو طنز و مزاح کی تاریخ میں اس کے حوالے سے ان کا نام بھی پکارا جائے گا بصورت دیگر موضوعات کی قلت اور زبان کے عامیانہ پن نے ان کی شاعری کی اہمیت کو کم کر دیا ہے۔ البتہ اردو صحافت میں ان کی خدمات کا اعتراف طنزیہ و مزاحیہ کالم نگاری کے طور پر زندہ رہے گا۔

۳۔ مجید لاہوری

ان کی طنزیہ و مزاحیہ شاعری میں صحافتی رنگ غالب ہے اور اسی لیے شاعری کی زبان سادہ و سلیس ہے۔ سیاست، ثقافت اور معاشرتی مسائل ان کی طنز کا شکار بنتے ہیں جب کہ خالص مزاح کے نقش بھی ان کے مجموعہ کلام "نمکدان" میں دیکھے جا سکتے ہیں۔ طنزیہ و مزاحیہ دونوں طرح کی شعری جہات ایک ہی مثال میں پیش ہیں:

نہ ہم گورے سے ڈرتے ہیں نہ کالے سے ڈرتے ہیں
مگر اس دور میں انگریز کے سالے سے ڈرتے ہیں
یہی "کالا فرنگی" کل بھی تھا" آفت کا پرکالا"
ابھی تک ہم اس آفت کے پرکالے سے ڈرتے ہیں
خدا جانے وہ کب ڈس لے اسے عادت ہے ڈسنے کی
ہم اہل دل ہیں، کافر گیسوؤں والے سے ڈرتے ہیں
غضب یہ ہے متاع دین و ایماں کے محافظ بھی
متاع دین و ایماں بیچنے والے سے ڈرتے ہیں

"مادر پدر آزادیاں" میں مجید لاہوری کے لہجے میں کڑواہٹ اور درشتگی صاف محسوس ہوتی ہے۔ خواتین کی آزادی کے نام پر اسلام دشمن طاقتوں نے پاکستانی معاشرے میں بے حیائی، عریانی اور فحاشی کا جو بیج بویا، اس نے نوجوان نسل کو دین سے دور کرنے کے ساتھ اپنی اعلیٰ اقدار اور روایات سے بھی بہت دور کر کے مملکتِ پاکستان کی جڑیں کھوکھلی کرنے کی کوشش کی۔ ایسی ہی ایک ناپاک سازش پر مجید لاہوری کا قلم خون کے آنسو روتے ہوئے بڑے بے باک طریقے سے ایک سیاہ تصویر دکھاتا ہے:

ہو گئیں بیباک اور آزاد حوا زادیاں

ابن آدم نے بسائی ہیں نئی آبادیاں
شادیوں کی کیا ضرورت ہے جو ہوں دلشادیاں
بن گئیں زندہ حقیقت خواب کی شہزادیاں
دید کے قابل ہیں یہ مادر پدر آزادیاں

کون سا دن ہے نہ ہو اخبار میں جب یہ خبر
ڈھیر پر کوڑے کے آئی لاش بچے کی نظر
مار ڈالا جس کو جنتے ہی، گلے کو گھونٹ کر
ایک سر قربان کر کے مٹ گیا سب دردِ سر
دید کے قابل ہیں یہ مادر پدر آزادیاں

۴۔ خضر تمیمی

ان کی مزاحیہ شاعری تحریف نگاری کے حربے سے بھرپور ہے۔ نظموں میں اپنا مدعا ظریفانہ جزئیات کے ساتھ بیان کرنے میں مشہور تھے اسی لیے ان کی نظمیں خاصی طویل ہیں۔ اس طوالت کے باوجود ان میں موجود مزاح نے نظموں کی مقبولیت میں اضافہ کیا۔ زبان و بیان پر عبور نے ان کی نظموں میں جان ڈالنے کا فریضہ انجام دیا اور داخلی قوافی کے اہتمام و مقفّی الفاظ کے استعمال نے چاشنی کا سامان پیدا کر دیا۔ نظم "ہاتھ کی روانی" میں اس کی مثال دیکھیے:

یہ ہے آج ہی رات کی داستاں
کہ تھے میہماں میرے اک مہرباں
دکھاؤں میں حضرت کے کھانے کا ڈھنگ

لکھوں ان کے لقمے اُڑانے کا رنگ
پلیٹوں میں ہلچل مچاتا ہوا
وہ چمچے سے چمچا لڑاتا ہوا
پلاؤ میں سالن ملاتا ہوا
وہ جل تھل کا عالم رچاتا ہوا
وہ بوٹی پہ چڑھ کر لپٹتا ہوا
وہ روٹی سے بڑھ کر چمٹتا ہوا
فقط شوربے سے کھسکتا ہوا
مربے سے جا کر پچکتا ہوا
گیا دال پر دندناتا ہو
وہ مرچوں سے دامن بچاتا ہوا
وہ چمچے سے چلو بناتا ہوا
وہ آلو کو اُلّو بناتا ہوا
سویّوں پہ سو جاں سے مرتا ہوا
ادھر لاڈ لڈو سے کرتا ہوا
پسند اک پسندے کو کرتا ہوا
تو چٹنی پہ چٹخارے بھرتا ہوا
سموسے میں خود کو سموتا ہوا
ادھر کھوئے کے ہوش کھوتا ہوا
یہ برفی کا دل برف کرتا ہوا

یہ زردے کا منہ زرد کرتا ہوا
پلاؤ پہ پل پل کے آتا ہوا
وہ "پھرنی" پہ پھر پھر کے آتا ہوا
نوالے سے کشتی بناتا ہوا
وہ حلوے کے گولے اُڑاتا ہوا
وہ جبڑوں سے بوٹی مسلتا ہوا
اُسے بن چبائے نگلتا ہوا
وں پہ زباں کو پھراتا ہوا
لپٹتے ہوئے پھیل جاتا ہوا
بگڑ کر وہ کف منہ پہ لاتا ہوا
وہ غازی ہے یوں کھانا کھاتا ہوا
غرض اس طرح ہیں مرے مہرباں
بس اب دیکھ لیں شاعرِ نکتہ داں
وہ سودا وہ اکبر کا آبِ لوڈور
یہاں خضر کی بے زبانی کا زور

خضر تمیمی اپنی تحریفات میں مزاح اور خوش طبعی کے سنگ سنگ گہری حساسیت کا اظہار بڑی شوخی کے ساتھ کرتے ہیں لیکن یہ شوخی و تیزی تمام تحریفات میں اپنا وجود رکھنے سے قاصر رہتی ہے۔ تحریف میں اسی طرز کے مزاح کا ایک نمونہ ان کی نظم "جہاں رمضان رہتا تھا" کی صورت میں ملاحظہ کیجیے:

یہی کوچہ ہے وہ ہمدم جہاں رمضان رہتا تھا

وہ اس کوچے کا نمبر دار تھا آزاد رہتا تھا
بہت مسرور رہتا تھا بہت دلشاد رہتا تھا
بسان قیسِ عامر صورتِ فرہاد رہتا تھا
جو اس کو یاد رکھتا تھا وہ اس کو یاد رکھتا تھا
اور اس دالان میں اس کا چچا رحمان رہتا تھا
یہی کوچہ ہے وہ ہمدم جہاں رمضان رہتا تھا
اسی چھپر تلے دن رات اس کی چارپائی تھی
یہی دو چار کپڑے تھے اور اک میلی رضائی تھی
وہ اس دنیا کا مالک تھا یہی اس کی خدائی تھی
اور اس کُوچے کے پنواڑی سے اس کی آشنائی تھی
کبھی وہ اِس کبھی یہ اُس کے گھر مہمان رہتا تھا
یہی کوچہ ہے وہ ہمدم جہاں رمضان رہتا تھا

۵۔ سیّد محمد جعفری

ان کا زمانہ سیاسی مد و جزر، معاشی کساد بازاری اور امن و امان کی ناگفتہ بہ صورتحال کے ساتھ ہندو مسلم فسادات کی اندوہ ناک داستانوں کو اپنے دامن میں سمیٹے ہوئے تھا۔ لاالہ الا اللہ، یو۔ این۔ او، کنونشن مسلم لیگ، الیکشن کا ساقی نامہ، وزیروں کی نماز، کلرک، پرانا کوٹ، ابلیس کی فریاد وغیرہ ان کی اہم نظمیں ہیں۔

قیام پاکستان کے حصول کی سیاسی جدوجہد کے عہد میں سیّد محمد جعفری کی عمر ۴۲ سال تھی اور مسلمانوں کے دلوں میں بسنے والی تمنّاؤں کو انھوں نے بہت قریب سے دیکھا اور محسوس کیا، کیوں کہ یہی آرزوئیں ان کے سینے میں بھی بار آور تھیں۔ ان خوابوں کا

خون ہوتے دیکھ کر سیّد محمد جعفری نے طنز و مزاح کا رُخ کیا۔ کئی دیگر موضوعات کے ساتھ وطن کی مٹی کی خوشبو ان کے کلام میں جگہ جگہ محسوس ہوتی ہے۔ مسلم لیگ جس کو سیاستدانوں اور فوجی آمروں نے ہمیشہ یرغمال بنائے رکھا، جب یرغمالی کا ایک نیا رُوپ اختیار کرتی ہے تو جعفری "کنونشن مسلم لیگ" کے عنوان سے پھٹ پڑتے ہیں:

آج کل ہیں حضرتِ ابلیس مسلم لیگ میں
دے رہے ہیں مشورے بے فیس مسلم لیگ میں
ہے علی بابا، الگ چالیس مسلم لیگ میں
توسنِ چالاک کے سائیس مسلم لیگ میں
لیگ کے گھوڑے کو پشتک اور دولتی سے ہے کام
بعد مرگ قائداعظمؒ ہوا ہے بدکلام

اپنی اپنی ڈفلیاں ہیں اپنے اپنے راگ ہیں
چند ان میں نیولے ہیں، چند ان میں ناگ ہیں
چند اک ایلسیشن، چند اک بل ڈاگ ہیں
جو مویشی لڑ رہے ہیں ان کے منہ میں جھاگ ہیں
ایسٹ پاکستان ہے اور ویسٹ پاکستان ہے
قوم زندہ ہے مگر اس کے لبوں پر جان ہے

سیّد محمد جعفری نے طنز و مزاح کو پھکڑ پن سے صاف کر کے ایک منفرد تخلیقی لہجہ عطا کیا اور جدید دور کی طنزیہ شاعری کے صفِ اوّل کے معماروں میں شمار ہوئے۔ ان کی طنزیہ شاعری کے نشتروں پر انور مسعود کا تبصرہ ملاحظہ ہو:

"۔۔۔سیّد محمد جعفری اپنے وطن کے سیاستدانوں کی نیتوں سے بخوبی واقف تھے، پاکستانی معاشرے میں پھیلی ہوئی ہوس کیشی، چور بازاری، دفتری کار گزاری اور ریاکاری کو بھی وہ خوب جانتے تھے۔ الیکشن کے ڈراموں کے بھی بڑے باریک بین ناظر تھے۔ عالمی سیاست کے افق پر مغربی ممالک کی فتنہ پردازیوں کا بھی بھرپور ادراک رکھتے تھے اور ایشیائی ممالک میں برطانیہ اور امریکہ کی شر انگیزیوں اور ریشہ دوانیوں سے پوری طرح آگاہ تھے۔ اس آزارِ آگہی کو انھوں نے طنز و مزاح کا روپ دے کر اس طرح اپنا موضوع بنایا کہ ہمیں اپنے سامنے لا کھڑا کیا اور عالمی استعمار گروں کو بھی آئینہ دکھایا۔۔۔"[۲]

سیّد محمد جعفری تضمین کے ماہر تھے اس ضمن میں انھوں نے غالب و اقبال سے بھرپور استفادہ کیا۔ جعفری بنیادی طور پر طناز تھے اس لیے ان کے کلام میں اکثر مقامات پر مزاح کے ساتھ طنز کی نشتریت نمایاں ہے۔ ذیل کی نظموں میں اس کے نمونے دیکھیے:

لا الہ الا اللہ

زباں سے کہتا ہوں ہاں لا الہ الا اللہ
نہیں عمل سے عیاں لا الہ الا اللہ
الاٹ منٹ ہیں یاروں کی آستینوں میں
"نہ ہے زمیں نہ مکاں لا الہ الا اللہ"
مدیر و پیر و وزیر و سفیر و شیخ و کبیر
"بتانِ وہم و گماں لا الہ الا اللہ"
نمازی آئیں نہ آئیں اذان تو دے دوں
"مجھے ہے حکمِ اذاں لا الہ الا اللہ"
جو مولوی ہیں وہ کھاتے ہیں رات دن حلوے

"بہار ہو کہ خزاں لا الہ الا اللہ"

وزیروں کی نماز

عید الاضحی کی نماز اور وہ انبوہ کثیر
جبکہ اللہ کے دربار میں تھے پاک وزیر
وہ مصلوں پہ مسلط تھے بہ حسنِ تقدیر
تھے ریزروان کے مصلّے، یہ مساوات کبیر
آج کل یہ ہے نماز اور کبھی وہ تھی نماز
"ایک ہی صف میں کھڑے ہو گئے محمود و ایاز"
پہلی صف میں وہ کھڑے تھے کہ جو تھے بندہ نواز
سلسلہ بھی تھا صفوں اور قطاروں کا دراز
قربِ حکام کے جویا تھے بہم جنگ طراز
آ گیا عین لڑائی میں مگر وقت نماز
ایسی گڑبڑ ہوئی برپا کہ سبھی ایک ہوئے
"بندہ و صاحب و محتاج و غنی ایک ہوئے"
نیشنل گارڈز بڑھے معرکہ آراؤں میں
جا کے نادانوں میں لڑتے کبھی داناؤں میں
ایک شاعر بھی چلے آئے تھے شیداؤں میں
جیسے ایک رِند خرابات ہو ملّاؤں میں
آ کے بیٹھے بھی نہ تھے وہ کہ نکالے بھی گئے

جیب کتری گئی ان کی یہ صلہ لے بھی گئے

٦۔ ظریف جبل پوری

ظریف جبل پوری کی طنزیہ و ظریفانہ شاعری واعظ و محتسب، سیاست، عشق و محبت، صنفِ نازک اور اس کے متعلقات پر مبنی ہے۔ "بہار آئی، عشق کا پہلو، قیس کے انکل، عشق فرمایئے گا اور فلمی عشق" انھی پہلوؤں کے اظہار پر مشتمل ہیں۔ان کی شاعری میں طنز کے ساتھ مزاح کا تاثر زیادہ ہے جس سے زیرِلب تبسم،لب کُشا تبسم کی شکل اختیار کر لیتا ہے اور طنز کی شدت مزاح کی پھوار سے کچھ کم پڑ جاتی ہے۔ مثالیں حسبِ ذیل ہیں:

بہار آئی

یہ مانا آپ کے اور میرے گلشن میں بہار آئی
مگر آتے ہوئے ظالم خزاں کو بھی پکار آئی
بڑی مدت میں آئینِ چمن بندی بنایا ہے
تمھیں اے باغبانو، اتنے برسوں میں ڈکار آئی
اگر اٹھ جائے تقریروں سے، تحریروں سے پابندی
ظریف اس وقت سمجھو گلشن فن میں بہار آئی

قیس کے انکل

ہم حسن کے ہر گھات سے غافل تو نہیں تھے
بی۔اے تھے، کوئی مولوی فاضل تو نہیں تھے
میک اپ نے کیا حسن خداداد کا قائل
ہم حسن خداداد کے قائل تو نہیں تھے

مہنگائی میں کیوں پھاڑتے دامان و گریباں
عاشق تھے مگر قیس کے انکل تو نہیں تھے

عشق فرمایئے گا!

کر سکے اعلان اُلفت، اتنی ہمت کس میں ہے؟
ڈالڈا کھا کھا کے، دل دینے کی طاقت کس میں ہے؟
عشق صادق کے نشے میں جھوم سکتا ہے کوئی؟
ان کے بدلے، ان کا کتا چوم سکتا ہے کوئی؟
حسن والوں کو غریبی کا تماشا چاہیے
دل کی دولت کچھ نہیں، ان کو تو پیسہ چاہیے

نظم "فلمی عشق" میں اپنے عہد کی فلموں میں ہیرو اور ہیروئین میں اچانک عشق ہونے کی متعدد صورتیں بڑی خوبصورتی سے بیان کی گئی ہیں جن سے پوری فلمی کہانی سامنے آجاتی ہے۔ عہد حاضر میں بھی فلمی صنعت یہی پرانی کہانیاں دہرا رہی ہے جس کی وجہ سے فلمی میدان، صحرا میں تبدیل ہو رہا ہے۔ ظریف جبل پوری کی نظم "فلمی عشق" کی کچھ جھلکیاں درج ذیل ہیں:

جہانِ فلم میں الفت کا ہر نخرا نرالا ہے
یہ ایسی دال ہے جس دال میں کالا ہی کالا ہے
اگر بازار میں لڑکی پھسل جائے، محبت ہے
سہارا پا کے لڑکے کا سنبھل جائے، محبت ہے
کسی لڑکی کو ڈاکو سے چھڑا کر لاؤ، محبت ہے

کسی کی سائیکل کو سائیکل سے ٹکراؤ، محبت ہے
یہ فلمی عشق نے کیسا نیا پہلو نکالا ہے
پولیس کپتان کی لڑکی کا عاشق رِکشے والا ہے
یہ ظاہر دیکھنے میں صرف موٹر کی اک ٹکر ہے
کسی دل پھینک سے لیکن کسی دلبر کی ٹکر ہے
وہ ہیروئین کو موٹر میں شفاخانے بھی لائے گا
اور اس کے دل کے بہلانے کو گانا بھی سنائے گا
وہ گانا جس میں حال دل کی پوری ترجمانی ہو
مگر یہ شرط ہے بھرپور دونوں کی جوانی ہو

۷۔نذیر احمد شیخ

نذیر احمد شیخ کی طنزیہ و مزاحیہ شاعری میں طنز کم ہے اور ہر جانب مزاح کا پھیلاؤ ملتا ہے اس لیے ہم انھیں خالص مزاح گو شعرا کی صف میں کھڑا کر سکتے ہیں۔ انور مسعود، شیخ کی شاعری کے بارے میں اپنی رائے یوں دیتے ہیں:

"نذیر احمد شیخ نے زندگی کی ناہمواریوں کا بڑا دقیق مشاہدہ کیا ہے۔ ان کا عقیدہ ہے کہ زندگی تماشائے لبِ بام ہے اور اسے Enjoy کرنا چاہیے۔ اپنی بد حواسیوں اور بوالعجبیوں کے اعتبار سے انسان بڑی خوش حرکات مخلوق ہے اس کی ان حرکات پر ثقہ حضرات کو بہت غصہ آتا ہے لیکن شیخ کو بہت پیار آتا ہے۔ ان کے ہاں تلخی نام کو بھی نہیں۔ ماحول کی ناگواریوں کو انھوں نے جس طرح خوشگوار بنا کر پیش کیا ہے وہ انھیں کا حصہ ہے۔۔۔" [۳]

سائنس دان ہونے کی وجہ سے ان کی مزاحیہ شاعری میں 'صنعتی شاعری' کے

عنوان سے ایک باب موجود ہے اور انھیں سے طنزیہ و مزاحیہ شاعری میں باقاعدہ طور پر سائنسی شاعری کا ظہور ہوتا ہے۔ شیخ نے پیروڈی اور الفاظ کے ہیر پھیر سے بھی مزاح پیدا کیا ہے۔ ان کے ہاں شگفتہ قافیے ملول کر دینے والے مناظر سے بھی مزاح کشید کر لیتے ہیں۔ واقعاتی مزاح ان کی مزاحیہ نظموں کو کاغذ پر بھی متحرک بنائے ہوئے ہے۔ نذیر احمد شیخ کی سائنسی مزاحیہ شاعری سے ایک مثال ملاحظہ کریں:

واٹر ہیٹر میوزک شاپ

جس میں ڈھول بجائے بھاپ

سن کر رنگا رنگ الاپ

ڈنکی پمپ لگائیں تھاپ

تک تک دھنا دھن دھی

ٹھمکا ناچے پی او پی

شیخ کو یہ اعزاز بھی حاصل ہے کہ اردو میں لمرک کی صنف کے موجد ہیں۔ اسی لمرک کا ایک جاندار نمونہ "ارتقائے زبان" کے نام سے دیکھیے:

بس گئے پنجاب میں روئی کوروں کہنے لگے

دلبر اِن لکھنؤ اوئی کو اوں کہنے لگے

آج کل رنگِ زباں کچھ اور ہے

شوخی و حسن بیاں کچھ اور ہے

آپ کو تم، تم کو تو اور تو کو توں کہنے لگے

شیخ نے غزل اور نظم کی اصناف میں مزاح کے جو پھول کھلائے ہیں وہ اپنی منفرد شان رکھتے ہیں۔ ہر وقت نئے نئے تجربات کا شغف رکھنے کی وجہ سے سائنس کے ساتھ

مزاح کو بھی تختۂ مشق بناتے تھے۔ان کے یہ تجربات الفاظ پر ہوتے تھے اور ان کی موسیقیت پر بھی۔ نظم "آندھی" سے ایسی ہی ایک جھلک دیکھیے جو اپنے ساتھ آنے والے مناظر کی تصویر کشی بھی کرتی ہے:

کھڑکی کھڑکے، سرکی سرکے، پھڑکے روشن دان
ناکہ بندی کرتے کرتے گھر سب ریگستان
ٹوٹے پھوٹے چھپر آئیں گھٹتے گھٹے سانس
پیروں سے چمگادڑ چمٹے سر پر کھڑکیں بانس
جھاڑو جھاڑن موج منائیں ان کا اپنا راج
پپیا بیٹھا ڈھول بجائے، کتھک ناچے چھاج
درہم برہم سب تصویریں طرفہ تر احوال
مرزا غالب الٹے لٹکیں، سجدے میں اقبال
چھت پر ہم جو بستر ڈھونڈیں عقل ہماری دنگ
کھاٹ بچاری اُڑن کھٹولا بستر دور پتنگ
ایک بگولا سب سے اولیٰ بھوتوں کا سردار
لوٹ پلٹ کر پڑھتا جائے دنیا کے اخبار
سنتے سنتے شور شرابا کانوں کا یہ حال
بیگم اپنی شال منگائے نوکر لائے دال
سڑکوں پر حلوائی بیٹھے مفت لٹائیں تھال
کبڑے کبڑے کنجڑے کھیلیں گوبھی سے فٹ بال
بکھری بکھری داڑھی دیکھی اُڑتی اُڑتی مونچھ

جتنا دابیں پنکھ پکھیرو، اتنی اچھلے مونچھ

۸۔ آزر عسکری

آزر عسکری کی نظموں، غزلوں اور قطعات میں طنز و مزاح کی مقدار کم زیادہ ہوتی رہتی تھی۔ ہندوستانی معاشرے پر رُخ بدل بدل کر وار کرتے ہیں لیکن ان میں طنز کی کاٹ زیادہ نہیں ہوتی۔ اس لیے ان کو خالص مزاح گو شاعر کہنا بے جا نہ ہو گا۔ نظم "میں تیرا شہر چھوڑ جاؤں گا" کے دو بند ملاحظہ ہوں جن میں طنز کا کوئی وجود نہیں ملتا:

اس سے پہلے کہ وہ عدو کمبخت
تیرے گھر جا کے چغلیاں کھائے
اس سے پہلے کہ دیں رپٹ جا کر
تیرے میرے شریف ہمسائے
اس سے پہلے کہ تیری فرمائش
مجھ سے چوری کا جرم کروائے
اس سے پہلے کہ اپنا تھانیدار
مرغ تھانے کا مجھ کو بنوائے
میں ترا شہر چھوڑ جاؤں گا

تجھ کو آگاہ کیوں نہ کر دوں میں
اپنے اس انتظام سے پہلے
مشورہ بھی تجھی سے کرنا ہے
اپنی مرگِ حرام سے پہلے

کوئی ایسی ٹرین بتلا دے

جائے جو "تیز گام" سے پہلے

آج کے اس ڈنر کو بھگتا کر

کل کسی وقت شام سے پہلے

میں ترا شہر چھوڑ جاؤں گا

دل کی گردن مروڑ جاؤں گا

ہم لوگ ہر اس کام کو جو صحیح طریقے پر انجام نہ پا سکے اسے 'خدا کی مرضی' کہہ کر قبول کر لیتے ہیں اور اپنی غلطی کو درست کرنے کی جانب کوئی توجہ نہیں دیتے۔ان کی ایک نظم "خدا کی مرضی" اس تناظر میں کہی گئی۔اس میں معاشرتی برائیوں کو بھی طشت از بام کرنے کی کوشش ملتی ہے:

خدا کی مرضی

کسی کا گردش میں آ گیا ہے اگر ستارا، خدا کی مرضی

کسی نے غصے میں آ کے چاقو کسی کو مارا، خدا کی مرضی

کسی نے چلتے میں جیب کاٹی تو دل پکارا، خدا کی مرضی

بجائے پنڈی کے گولڑے بس نے جا اتارا، خدا کی مرضی

کسی کے تلوؤں میں چبھ رہے ہیں نکیلے پتھر تو کیا کریں ہم

کسی کو بخشی گئی ہے دس ہاتھ لمبی موٹر تو کیا کریں ہم

کسی کی قسمت میں ٹھوکریں ہیں کوئی منسٹر، تو کیا کریں ہم

اجارہ داری کسی کو حاصل کوئی بچارا، خدا کی مرضی

طنزیہ و مزاحیہ شاعری کا جدید عہد یہاں اختتام کو پہنچتا ہے۔ اس وقت تک ہندوستانی مسلمانوں پر کئی انعامات بھی ہوئے اور ان کی اپنی کج ادائیوں اور ناعاقبت اندیشیوں پر کئی سانحات بھی مقدر بنے۔ سب سے بڑا انعام پاکستان کا قیام تھا اور سب سے بڑا سانحہ اسی پاکستان کی تقسیم۔ اس عرصے میں کشمیر کے ایک بڑے حصے پر بھارت نے غاصبانہ قبضہ جما لیا اور بانیِ پاکستان کی وفات بھی ایک عظیم سانحہ تھا۔ ۶۵ء اور ۷۱ء کی پاک بھارت جنگوں کے بعد ۱۹۸۰ء تک آتے آتے دونوں ممالک میں سرد مہری کے باوجود سکوت کی حالت تھی۔ سانحات کے باوجود زندگی معمول پر آتی گئی اور الیکٹرانک میڈیا کی آمد نے حیاتِ انسانی کو متاثر کرنا شروع کر دیا۔ یہاں سے طنزیہ و مزاحیہ شاعری کا جدید ترین دور شروع ہوتا ہے۔

باب دوم

طنزیہ و مزاحیہ شاعری کا جدید ترین دور

(۱۹۸۰ء تا ۲۰۰۸ء)

طنزیہ و مزاحیہ شاعری کے جدید ترین عہد کا آغاز ۱۹۸۰ء سے ہوتا ہے۔ اس عہد میں مزاحیہ مشاعروں کی دھوم پاک و ہند سے نکل کر دنیا کے کئی ممالک تک پھیل گئی۔ جہاں جہاں اردو سمجھنے اور بولنے والا طبقہ موجود تھا، وہاں مزاحیہ مشاعروں کا اہتمام ہونے لگا۔ ٹیلی ویژن، ریڈیو اور پرنٹ میڈیا نے ان مشاعروں اور مزاحیہ شعرا کو وہ اہمیت دی جو اس سے پہلے کبھی ان کے مقدر میں نہ آئی تھی۔ یہاں اس عہد کے ان نامور شعرا کا ذکر کیا جا رہا ہے جنھوں نے مزاحیہ شاعری کو کسی نہ کسی حوالے سے نئی جہت دی۔

ا۔ سیّد ضمیر جعفری

طنزیہ و مزاحیہ اردو شاعری کے جدید ترین دور کا ایک معتبر نام سیّد ضمیر جعفری ہے۔ ان کی غزلیں اور نظمیں زندگی کے بہت سے موضوعات اور انسانی کیفیات کو اپنے دامن میں سموئے ہوئے ہیں۔ ان کے اسلوب کی خوبصورتی اور تہ داری ان کی طنزیہ و مزاحیہ شاعری کو ایک منفرد پہچان دیتی ہے جس کا دھیما پن ہر مصرعے سے جھانک کر تبسم و لطافت کے بے شمار زاویوں کو جنم دیتا ہے۔ ضمیر جعفری اپنے ہر موضوع سے اس

قدر قریب ہو کر اس کی پہنائیوں تک رسائی حاصل کر لیتے ہیں کہ وہ ایک متحرک نقش کی طرح صفحۂ قرطاس پر دکھائی دینے لگتا ہے۔ بقول ڈاکٹر ظفر عالم ظفری:

"سیّد ضمیر جعفری ایک اچھے مصور سے کسی طرح بھی کم نہیں۔ وہ لفظوں کے ایسے ایسے پیکر تراشتے ہیں کہ متعلقہ شخصیت کے تمام نشیب و فراز ابھر کر اس طرح سامنے آتے ہیں کہ قاری لطف و سرور کی فضا میں خود کو کھو دیتا ہے۔ ضمیر اپنے موضوع میں اس طور پر جذب ہو کر لکھتے ہیں کہ ان کی نظم یا غزل کا ایک ایک لفظ داستان بن جاتا ہے۔۔۔۔"[۴]

ان کی نظمیں "بفّے ڈنر، شہر کا بڑا بازار، ضمیر کا گھر، سابق منسٹر، پرانی موٹر، یہ کوہاٹ ہے، وبائے الاٹمنٹ" وغیرہ اسی مصورانہ رجحان کی عکاس ہیں جس کا تذکرہ درج بالا اقتباس میں کیا گیا ہے۔ پاکستان کے قیام کے فوراً بعد جس بے پرواہی اور غیر منصفانہ طریقے سے جائیدادوں کی بندر بانٹ کی گئی، اس کو ضمیر جعفری نے اپنی نظم "وبائے الاٹمنٹ" میں بڑے دلچسپ انداز میں پیش کیا ہے:

ہر سمت ہے بلند صدائے الاٹمنٹ

ہائے الاٹمنٹ تو وائے الاٹمنٹ

دنیا ہے اور دین ولائے الاٹمنٹ

اب لوگ جی رہے ہیں برائے الاٹمنٹ

بندے کا اب خدا ہے خدائے الاٹمنٹ

چکی ملے، مشین ملے، بادباں ملے

پانی ملے، زمین ملے، آسماں ملے

کچھ تو مری جناب ملے، مہرباں ملے

ہر چند حق نہیں ہے، مگر پھر بھی ہاں ملے
یعنی الاٹمنٹ برائے الاٹمنٹ
رہڑی جو بیچتا تھا اسے فیکٹری ملی
پورے تعلّقے کے عوض لانڈری ملی
اک در ہوا جو بند تو بارہ دری ملی
ووٹر کوئی ملا نہ ملا لیڈری ملی
اور لیڈری بھی وہ جو کرائے الاٹمنٹ
کتنے مہاجرین تو آکر چلے گئے
پٹ توڑ کر، کواڑ جلا کر چلے گئے
دیوار و در کو ٹھوک بجا کر چلے گئے
یعنی مکیں مکاں ہی اٹھا کر چلے گئے
ہے سر پہ ساتھ ساتھ ہُمائے الاٹمنٹ
کل تک گلی کے موڑ پر جو کوٹتے تھے ٹین
"تختہ بدوش، ٹھیلا بدست و تھڑا نشین"
اک اک کے پاس آج مشینیں ہیں تین تین
اکثر بزرگ ان میں ہیں 'لو کل مہاجرین'
بیٹھے ہیں دبدبے سے دبائے الاٹمنٹ

ضمیر جعفری کی طنزیات میں سادگی اور شائستگی ساتھ ساتھ چلتی ہیں۔ یہ طنز کی کڑی کمان سے تیر برسانے کے بجائے اپنے شکار کا علاج حکیمی معجونوں سے کرتے ہیں جن کی مٹھاس اس کی کڑواہٹ پر غالب رہتی ہے۔ وہ طنز کے ہتھیاروں سے جنگ کرنے کے

بجائے جنگ روکنے کا اہتمام کرتے ہیں۔ طنز کے متعلق ضمیر جعفری کا اپنا نقطۂ نظر درج ذیل ہے:

"میرے لیے طنز کا مسئلہ تکلیف دہ رہا ہے۔ میں طنز کو مزاح کا جڑواں بھائی سمجھتا ہوں۔ اس بات کا بھی قائل ہوں کہ اس کے بغیر حقیقت پسندی کا عنصر پنپنے نہیں پاتا بلکہ یہ بھی کہ اگر مزاح میں سے طنز کو خارج کر دو تو باقی چربی یا "چرب زبانی" رہ جاتی ہے۔ مزاح بذاتِ خود بھی جمعہ کے لباس میں رہتا ہے۔ میں طنز کو "تیغ و کفن" پہنا کر میدانِ جنگ میں اتارنے کا قائل نہیں ہوں۔۔۔وہ بے شک لڑے مگر ہاتھ میں تلوار نہ ہو۔۔۔طنز کی تلخی میرے نزدیک مزاح کو بدمزہ اور نک چڑھا کر دیتی ہے۔۔۔جو مزاح دوسروں کو خوش نہیں کرتا وہ میری رائے میں اعلیٰ مزاح نہیں۔۔۔۔"[۵]

یہی وجہ ہے کہ ضمیر کی تقریباً تمام طنزیہ و مزاحیہ شاعری میں ہمیشہ مزاح نے طنز کو دبائے رکھا ہے اور طنز کی ہلکی پھلکی لہریں ٹھنڈے پانی کی طرح سطحِ مزاح کے نیچے ہی رہتی ہیں۔ مزاح کے طنز پر حاوی رہنے کی خصوصیت اعلیٰ ظرافت کی آئینہ دار ہے اور اس کی لطافت کے دیرپا ہونے کا ثبوت بھی۔ ایسی ہی ایک مثال درج ذیل غزل میں دیکھیے، جس کا ہر شعر اپنے اندر الگ مفہوم سمیٹے ہوئے ہے:

شوق سے لختِ جگر نورِ نظر پیدا کرو
ظالمو! تھوڑی سی گندم بھی مگر پیدا کرو

ارتقا تہذیب کا یہ ہے کہ پھولوں کی بجائے
توپ کے دھڑ، بم کے سر، راکٹ کے پر پیدا کرو

شیخ، ناصح، محتسب، ملا، کہو! کس کی سنیں؟
یارو کوئی ایک مردِ معتبر پیدا کرو

میں بتاتا ہوں زوالِ اہلِ یورپ کا پلان
اہلِ یورپ کو مسلمانوں کے گھر پیدا کرو
حضرتِ اقبال کا شاہیں تو ہم سے اُڑ چکا
اب کوئی اپنا مقامی جانور پیدا کرو

انسانوں کے انسانیت پر ڈھائے جانے والے مظالم ہوں یا اپنی کوتاہیوں کا بار دوسروں کے سر تھوپنا، تہذیب کے نام پر بہترین قدروں کا قتل ہو یا مساوات کے نام پر غریبوں کی حق تلفی، ضمیر جعفری نے طاقتور انسانوں کے بھیڑیئے بننے کی داستانیں ان کے مکمل اعمال کے ساتھ رقم کی ہیں۔ ایسی داستانیں بیان کرتے ہوئے ان کا طنزیہ لہجہ زہر آلود ہونے سے گریز نہیں کرتا:

کس کس ہنر میں آج ترقی نہیں ہوئی
کیا کیا شرف بشر پہ اتارا نہیں گیا

تہذیب کے کمال کا یہ رخ بھی دیکھیے
کس کس طرح سے آدمی مارا نہیں گیا

اس کو کون کہے گا تحفہ، خالص کھرے نصیبوں کا
ایک امیر کے گھر میں رزق پچاس ہزار غریبوں کا

سج رہی تھی جس جگہ کل تک کتابوں کی دکان
اس جگہ اب "لکڑیوں کا ٹال" دیکھا جائے گا

ایک چمچہ دال کا اور ایک ٹکڑا نان کا
امتحاں روزانہ لیتا ہے مرے ایمان کا

کر لیا ایک جست میں گو ماہ و انجم کو شکار
مر نہیں پایا ابھی تک بھیڑیا انسان کا

ہم کریں ملت سے غداری، قصور انگریز کا
ہم کریں خود چور بازاری، قصور انگریز کا

گھر میں کل بینگن کے بھرتے میں جو مرچیں تیز تھیں
اس میں بھی ہو گا بڑا بھاری قصور انگریز کا

سیدؔ ضمیر جعفری نے ما فی الضمیر، ولایتی زعفران، ضمیریات، ضمیرِ ظرافت، بے کتابے، شناخت پریڈ، دست و داماں وغیرہ جیسے طنزیہ و مزاحیہ شعری مجموعے یادگار چھوڑے جو "نشاطِ تماشا" کے نام سے کلیات کی صورت میں بھی چھپ چکے ہیں۔

۲۔ دلاور فگار

دلاور فگار کے کلام میں سماجی، سیاسی اور قومی مسائل کا ہنگامی پن جھلکتا ہے۔ اخباری خبروں پر بھی قطعات وغیرہ لکھتے رہے لیکن یہ کیفیت تمام کلام کا احاطہ نہیں کرتی بلکہ ان کی مستقل نوعیت کی طنزیہ و مزاحیہ نظمیں اور غزلیں بھی اپنی مثال آپ ہیں۔ ان کی مستقل نوعیت کی شاعری کے موضوعات میں وسعت ہے اور ہر آن بدلتی عالمی و ملکی

صورتحال، عصری مسائل، فرقہ بندی، تعصب، عاشق و محبوب اور خاندانی منصوبہ بندی کو گرفت میں لیے ہوئے ہے۔ دلاور فگار کی قادرالکلامی کے چند نمونے ملاحظہ ہوں:

نہ اردو ہے زباں میری، نہ انگلش ہے زباں میری
زبان مادری کچھ بھی نہیں، گونگی ہے ماں میری

لے کر برات کون سپر ہائی وے پہ جائے
ایسی بھی کیا خوشی کہ سڑک پر وصال ہو
اک بار ہم بھی راہنما بن کے دیکھ لیں
پھر اس کے بعد قوم کا جو بھی حال ہو

دین آدھارہ گیا، ایمان آدھارہ گیا
پھر تعجب کیا جو پاکستان آدھارہ گیا
وہ سمجھتا تھا کہ یہ بھی اشرف المخلوق ہے
آدمی کو دیکھ کر شیطان آدھارہ گیا
ناپ کر دیکھا تو قد میں کچھ درازی آگئی
تول کر دیکھا تو ہر انسان آدھارہ گیا

قطعاتِ دلاور فگار خاصے کی چیز ہیں۔ ان میں کوئی نہ کوئی اہم مسئلہ کھل کر سامنے آجاتا ہے اور مزاح کی چاشنی طنز کی دوا میں شامل ہو کر اسے پُر لطف بنا دیتی ہے۔ ایسا ہی ایک قطعہ دیکھیے:

رشوت

حاکم رشوت ستاں فکر گرفتاری نہ کر
کر رہائی کی کوئی آسان صورت، چھوٹ جا
میں بتاؤں تجھ کو، تدبیر رہائی مجھ سے پوچھ
لے کے رشوت پھنس گیا ہے دے کے رشوت چھوٹ جا

۳۔ مسٹر دہلوی

انھوں نے نظم، غزل اور قطعات کی اصناف میں کئی موضوعات کو پابند کر دیا۔ عصری ماحول سے متاثر ہو کر زمانے کے سرد و گرم کی حکایات کا ظریفانہ بیان ان کی شاعری میں درد کی ایک لَے پیدا کرتا ہے اور انگریزی الفاظ کا مناسب استعمال شعری ابلاغ میں معاونت کرتے ہوئے مزاح بھی پیدا کرتا ہے۔ مثلاً:

حسن پیمائش
اہلِ مغرب کے برابر "ٹو دی پوائنٹ" ہونا
ہم سے ممکن نہیں گو لاکھ کریں ان کی ریس

نظیر اکبر آبادی کی نظم "بنجارہ نامہ" کی پیروڈی "ماڈرن بنجارہ نامہ" میں انسان، مولانا، انجینئر، بیگم، لیڈر، طبیب، سرکاری افسر، سائنس دان اور شاعر وغیرہ پر طبع آزمائی کی گئی ہے۔ اس کے چند بند ملاحظہ ہوں:

گو چومتے ہیں سب ہاتھ ترے
اور تو بڑا ہے اک مولانا
مت بھول کہ غافل تجھ کو بھی
اِک روز یہاں سے ہے جانا
کیا بکرے، نقدی، شیرینی

کیا نذر، نیاز اور نذرانہ
کیا دعوت صبح و شام تری
کیا مرغِ مسلم روزانہ!
'سب ٹھاٹ پڑا رہ جائے گا
جب لاد چلے گا بنجارہ'
ہاں تو ہے بڑے گھر کی بیگم
چلتا ہے اشارے پر شوہر
ہے گھی میں پانچوں انگلیاں تر
کل ہو گا کڑاہی میں بھی سر
کیا بنگلے موٹر فرنیچر
اک ایک قدم پر اک نوکر
کیا کپڑے لتّے اور زیور
کیا ہاتھ ملے بن لقمۂ تر
'سب ٹھاٹ پڑا رہ جائے گا
جب لاد چلے گا بنجارہ'
سرکار میں تو اک افسر ہے
ہیبت بھی ہے چاروں طرف تری
آیا جب اجل کا "ڈی او" تو
رہ جائے گی ساری دھونس تری
کیا افسر تیرے اور کلرک

اسٹینو، پی اے، سیکرٹری
کیا چوکی پہرہ چاروں طرف
کیا آگے پیچھے آرڈرلی
'سب ٹھاٹ پڑا رہ جائے گا
جب لاد چلے گا بنجارہ'

۴۔ انور مسعود

روزمرہ معمولات میں پیش آنے والے انتہائی چھوٹے چھوٹے واقعات جن کو بظاہر معمولی سمجھ کر نظر انداز کر دیا جاتا ہے ان کی اہمیت انور مسعود کے مشاہدے میں آکر بڑھ جاتی ہے اور یہ واقعات نمایاں ہو کر افرادِ معاشرہ کو ان کی اصل صورت دکھاتے ہیں۔ مثال کے طور پر ہمارے معاشرے میں بزرگوں کو ہمیشہ عزت اور احترام حاصل رہا ہے لیکن جدید دور میں جب اولاد پڑھ لکھ کر اپنے طرزِ زندگی کو پُر آسائش بنا لیتی ہے۔ کوٹھی، کار اور بینک بیلنس کی مالک بننے کے بعد ان کے دلوں سے والدین اور بزرگوں کی عزت و احترام کا مادہ ختم ہو جاتا ہے۔ بوڑھے والدین صرف گھر کے کام کاج اور نواسوں کو پالنے تک محدود کر دیے جاتے ہیں۔ ایسے کئی واقعات ملتے ہیں کہ جب دوست احباب گھر میں آئیں تو والدین کو ان سے نہیں ملنے دیا جاتا بلکہ دور سے ان کا تعارف نوکر کی حیثیت سے کرایا جاتا ہے۔ ہمارے معاشرے کی قدریں آہستہ آہستہ دولت کی ریل پیل میں بہتی چلی جا رہی ہیں جن کا اظہار انور مسعود نے کھل کر کیا ہے۔ چند مثالیں درج ذیل ہیں:

بھینس رکھنے کا تکلف ہم سے ہو سکتا نہیں
ہم نے سوکھے دودھ کا ڈبّا جو ہے رکھا ہوا

گھر میں رکھیں غیر محرم کو ملازم کس لیے
کام کرنے کے لیے اَبا جو ہے رکھا ہوا

ذرا سا سونگھ لینے سے بھی انور
طبیعت سخت متلانے لگی ہے
مہذب اس قدر میں ہو گیا ہوں
کہ دیسی گھی سے بُو آنے لگی ہے

انور مسعود کی طنزیہ و مزاحیہ شاعری میں روحِ عصر کی پرچھائیں بہت نمایاں ہیں۔ان کی مزاحیہ شاعری میں عصری ثقافت کا موازنہ اس بنیادی فکر کے ساتھ کیا جاتا ہے جو ہماری اسلامی تہذیب سے سرسبز و شاداب ہو۔جب ثقافت کا مذہبی پہلو متاثر ہونے لگتا ہے اور صدیوں سے رائج آداب و اطوار اپنی پختگی کے باوجود ڈگمگانے لگتے ہیں تو انور مسعود کی مزاح نگاری میں مرثیہ کی کیفیت پیدا ہونے لگتی ہے۔ مرکزی جزوِ ثقافت میں اخلاقیات بھی شامل ہے اور میل جول کے سبھی دھارے اسی کے تابع ہوتے ہیں۔ جدید پاکستانی تہذیب میں اسلامی اخلاقیات کی توڑ پھوڑ کا عمل کسی ایک طبقہ کے منحرف ہونے کی وجہ سے نہیں ہے بلکہ اعلیٰ سے ادنیٰ طبقات کی جانب بہنے والی جدیدیت کی غلیظ مغربی لہریں ہی اسلامی اخلاقیات اور آداب و اطوار کو پاکستانی معاشرے سے نکال باہر کرنے کا شاخسانہ ہیں جن میں نادانستہ طور پر بہہ کر فکر و فن کے تمام زاویے ناپختگی کی جانب رواں دواں ہیں۔ انور مسعود ان غلیظ لہروں کا رُخ موڑ کر مرکزی اسلامی فکر کو فروغ دے کر دوبارہ اپنی مشرقی تہذیب سے رشتہ جوڑنے کی کوشش کرتے ہیں۔معاشرے میں پھیلی ہوئی نفسا نفسی، خود نمائی،بے فکری، سُستی، کام چوری،

رشوت، سفارش، ڈاکہ زنی، اقربا پروری، ملاوٹ، بد معاشی، سیاسی ہیرا پھیری وغیرہ پر انور مسعود تڑپ اُٹھتے ہیں۔ جس معاشرتی برائی پر چوٹ کرتے ہیں، اس کی مکمل تصویر نگاہوں کے سامنے لا کر پہلے تو دیکھنے والے کو اس پر خندہ زن ہونے کا موقع دیتے ہیں لیکن جلد ہی تماشائی گھبرا کر اپنے گریبان میں جھانکنے پر مجبور ہو جاتا ہے۔ ابتدأً مساجد کے ہمسایہ میں آباد لوگ بڑے خوش قسمت سمجھے جاتے تھے کہ ان کو تمام نمازیں با جماعت ادا کرنے میں بڑی آسانی رہتی تھی۔ جب سے لاؤڈ اسپیکر ایجاد ہوا، ان لوگوں پر ہر لمحہ امتحان بن کر نازل ہوتا ہے۔ اذان کے علاوہ بھی علماء و واعظین وقت بے وقت مسجد کے قریب بسنے والے لوگوں کو ستانے کی تگ و دو میں منہمک رہتے ہیں۔ بچوں کے امتحانات، بیماروں کے آرام، دن بھر کے تھکے ہارے محنت کشوں کے سستانے کا خیال رکھے بغیر سارا سارا دن مساجد میں فرقہ وارانہ تقاریر اور نعرے بازیاں معمول بن چکا ہے۔ ایسے ہی معمولات کی مصوری انور مسعود کچھ یوں کرتے ہیں:

درپئے تقریر ہے اک واعظِ گنبد گلو
لاؤڈ اسپیکر بھی اس کے سامنے موجود ہے
نیند کا طالب ہے اک بیمار بھی ہمسائے میں
"کیا کسی کو پھر کسی کا امتحاں مقصود ہے"

اخلاقی اقدار کے بے سروسامانی نے ہمارے معاشرے میں ملاوٹ، رشوت، سفارش اور جھوٹ جیسی لعنتوں کو عام کر دیا ہے۔ قوموں کو تباہ کرنے والی ان برائیوں پر اس وقت سب نے اپنے ہونٹ سی لیے ہیں۔ انور مسعود اِن برائیوں کا قلع قمع کرنے کی بھرپور کوشش کرتے ہیں۔ افرادِ معاشرہ کی توجہ کے لیے اُن سے مزاح کے پردے میں خطاب کرتے ہیں۔

دودھ کا استعمال بچے، بوڑھے اور جوان سب کرتے ہیں اس لیے یہ جنس خالص ملنی چاہیے تاکہ کسی کی صحت کو اس سے فائدے کے برعکس نقصان نہ پہنچ جائے۔ بچے اور بوڑھے کم قوتِ مدافعت کی وجہ سے ملاوٹ شدہ اشیا کے استعمال سے فوراً بیمار پڑ جاتے ہیں۔ ہسپتالوں پر نظر دوڑائی جائے تو وہاں بچوں اور بوڑھوں کی کثرت ملاوٹ کے عام ہونے کا راز فاش کرتی ہے۔ محکمہ خوراک کو اس جانب خصوصی توجہ دینے کی اشد ضرورت ہے۔ ان کے فوڈ انسپکٹر دیانت داری اور باقاعدگی سے اشیائے ضرورت پر نظر رکھیں تو خالص اجناس نہ ملنے کی کوئی وجہ نہیں۔ جس ملک میں دودھ کی دس دس قیمتیں متعین ہوں اور ایک سیر دودھ کی قیمت سے ایک لیٹر مِنرل واٹر کی قیمت زیادہ ہو، وہاں ماضی کی یادیں یوں ستاتی ہیں:

آؤ اس کے اصل گورے رنگ سے
اب تصوّر میں ملاقاتیں کریں
آؤ پھر ماضی کی یادیں چھیڑ دیں
آؤ خالص دودھ کی باتیں کریں

دودھ سے ایک قدم آگے "چائے کی پتی" کی طرف آئیں تو یہاں صورت حال بد سے بدتر دکھائی دیتی ہے۔ انسانی صحت سے کھیلنے والے تاجر مضرِ صحت کیمیائی عناصر کی ملاوٹ سے خود نفع کماتے ہیں اور گاہکوں کو ہسپتالوں کی نظر کرتے ہوئے ذرا شرم نہیں کرتے:

کام کرنا ہو تو پھر کیجے ذرا ترکیب سے
کچھ نہ کچھ ہر بات میں درکار ہے ذوقِ ہنر
صرف تھوڑا سا ملاوٹ کا قرینہ چاہیئے

چائے کی پتی سے کٹ سکتا ہے بندے کا جگر

گندم ہمارے ملک کی اپنی پیداوار ہے۔ زیادہ منافع کے لالچ میں بڑے بڑے تاجر اور سرمایہ دار چھوٹے کسانوں سے گندم خرید کر مہنگے داموں دوسرے ممالک کو اسمگل کر دیتے ہیں۔ گندم کا زیادہ حصہ باہر چلے جانے سے ملک میں اس کی قلت پیدا ہو جاتی ہے جس سے آٹے کا بحران جنم لیتا ہے۔ اس موقع پر بھی سرمایہ دار اور منافع خور طبقہ ملاوٹ شدہ آٹا بازاروں میں لا کر عوام کی جانوں پر ظلم کرتا ہے۔ کوئی شخص اپنے بچوں کو بھوکا نہیں دیکھ سکتا اور آج کل آٹے کی قلت کی وجہ سے لوگ مجبوراً ملاوٹ والا ناقص آٹا مہنگے داموں خریدتے ہیں:

یقیں کرو کہ یہ آٹا بہت ہی عمدہ ہے
سنو یہ تحفۂ نادر سنبھل کے لے جانا
اب اس سے بڑھ کے بھلا اور کیا تسلی دوں
اگر مروڑ نہ اُٹھے بدل کے لے جانا

پاکستان میں شروع ہی سے طاقت کا سرچشمہ گنے چنے خاندان رہے ہیں۔ حکومت ہو یا دولت، یہی خاندان عوام کو بے وقوف بنا کر اِن پر ہمیشہ سے مسلط رہے ہیں۔ نسل در نسل حکمرانی کرنے والے یہ شاہی خاندان قربانیاں دینے والے افراد کو اُوپر اُٹھنے کا کبھی موقع نہیں دیتے اور ذہین لوگ ساری زندگی ترقی کے خواب دیکھتے موت کے منہ میں جا گرتے ہیں۔ پاکستان کی بدحالی کے ذمہ دار سیاستدان لوٹ مار اور عوام کے نام پر حاصل کی جانے والی غیر ملکی امداد سے اپنی جائیدادوں اور بینک بیلنس میں تو بہت اضافہ کر لیتے ہیں لیکن مفلس عوام کی حالت نہیں بدلتی۔ باپ کی جگہ بیٹا علاقے کی سیاست پر قابض ہو جاتا ہے اور کسی کا بیٹا نہ ہو تو بیٹی بھی عوام پر مسلط ہونے سے گریز نہیں کرتی:

افسوس کہ کچھ اس کے سوا ہم نہیں سمجھے

دیکھے ہیں علاقے کی سیاست کے جو تیور

'جمہوریت اک طرزِ حکومت ہے کہ جس میں'

والد کی جگہ لینے کو آ جاتی ہے دختر

الیکشن میں حصہ لیتے وقت امیدوار عوام کو ایسے ایسے سبز باغ دکھاتے ہیں جن کی تکمیل کسی صورت نہیں ہو سکتی۔ عوام اُن کے نعروں میں پھنس کر انھیں ووٹ دے دیتے ہیں۔ ہمارے سیاستدانوں کا ایک وعدہ انور مسعود اس طرح بیان کرتے ہیں:

مجھے گر منتخب کر لوگے بھائی

پنپنے کی نہیں کوئی برائی

مجھے کہنا کہ ناقص ہے صفائی

گٹر سے بھی اگر خوشبو نہ آئی

پاکستان میں انتخابات کھیل اور مذاق بن چکے ہیں۔ ان میں حصہ لینے والوں پر کسی طرح کی پابندی کا اطلاق نہیں ہوتا۔ ہر بدمعاش، قاتل، ڈاکو، لٹیرا، غاصب اور شاطر شخص حکومت میں شامل ہونے پر تیار ہوتا ہے۔ انتخابات میں سیاسی جماعتیں اپنے امیدواروں کو ٹکٹ دینے کے نام پر لاکھوں روپے فیس وصول کرتی ہیں جسے سیاسی رشوت کے علاوہ کوئی نام نہیں دیا جا سکتا۔ جو لوگ سیاسی جماعتوں کو یہ رشوت نہیں دے پاتے، وہ اپنے طور پر آزاد امیدوار کی حیثیت سے الیکشن میں اُٹھ کھڑے ہوتے ہیں۔ انور مسعود کا آزاد امیدوار پر ظریفانہ تبصرہ دیکھیے:

شاعرانہ اور ظریفانہ ہو گر ذوقِ نظر

زندگی میں جابجا دلچسپ تشبیہیں بھی ہیں

ریل گاڑی اور الیکشن میں ہے اک شے مشترک
لوگ بے ٹکٹے کئی اِس میں بھی ہیں اُس میں بھی ہیں

اردو شاعری میں ماحولیات کو باقاعدہ طور پر کبھی موضوع نہیں بنایا گیا۔ اوّل تو ماحول کی اصلاح کا احساس ہی مشرق کے بجائے پہلے مغرب میں بیدار ہوا۔ تیسری دنیا کے ممالک ابھی تک افلاس کے تاریک سائیوں سے مکمل طور پر آزاد نہیں ہو سکے اور روٹی، کپڑے کے چکر نے ان کو دوسرے مسائل کی جانب سوچنے کا موقع نہیں دیا۔ اکیسویں صدی کے آغاز سے ترقی یافتہ ممالک اور اقوامِ متحدہ کے دباؤ کی وجہ سے تمام دنیا میں ماحول پر توجہ دی جانے لگی اور حکومتوں نے اس کے لیے 'وزارتِ ماحولیات' کا محکمہ قائم کیا۔ ہمارے ملک میں لوگوں کی اکثریت کا تعلق پسماندہ طبقوں سے ہے اور دیہاتوں میں روزگار کے مواقع نہ ہونے کے باعث خاندانوں کے خاندان گذشتہ چند عشروں میں نقل مکانی کر کے شہروں میں آبسے ہیں۔ اس سے شہروں میں دوسرے مسائل کے ساتھ ماحولیات میں بہت زیادہ بگاڑ پیدا ہوا ہے۔ ذرائع آمدورفت میں غیر معمولی اضافہ نے دھوئیں اور شور کو جنم دیا۔ آبادیاں بڑھنے سے گندگی اور بیماریاں پھیلیں۔ اس موضوع کو ہمارے ہاں شاعری تو دور کی بات ہے، نثر میں بھی بے توقیر و بے وقعت سمجھا گیا اور کسی ادیب و شاعر نے اس کی جانب رغبت نہ دکھائی۔ انور مسعود نے "میلی میلی دھوپ" کے نام سے، پہلی مرتبہ اس خاص موضوع پر پورا مجموعۂ کلام سامنے لایا ہے۔ انور مسعود کی شخصیت و فن پر تفصیل کے لیے میرا مقالہ برائے ایم۔فل "انور مسعود کی شعری خدمات: تحقیقی و تنقیدی مطالعہ" ملاحظہ کریں۔

۵۔ نیاز سواتی

نیاز کی طنزیہ و مزاحیہ شاعری میں طنز کا عنصر اس وقت آب دار ہو جاتا جب وہ

معاشرے میں مغربی تہذیب کو پھلتے پھولتے دیکھتے ہیں۔ معاشرتی و اخلاقی برائیوں پر چُپ نہیں رہتے اور نظامِ سلطنت میں بھی دخل اندازی کر جاتے ہیں۔ ان کے موضوعات ایک مزدور کے مسائل سے شروع ہو کر عالمی سیاست کے نام نہاد ٹھیکیداروں تک پھیلے ہوئے ہیں۔ موضوعات کی وسعت کے چند نمونے دیکھیے:

باپ کے دشمن سے لیتے ہیں بہادر انتقام
آدمی کو دشمنِ شیطان ہونا چاہیے
میرا بیٹا بات سچی کوئی بھی کرتا نہیں
میرے بیٹے کو سیاستدان ہونا چاہیے

غلے کی فصل کرتے ہیں پیدا بہت ہی کم
بچوں کی فصل خوب اُگاتے ہیں ہم وطن
ہلدی میں، ڈالڈے میں، مسالے میں، چائے میں
جو چیز بھی ملے وہ ملاتے ہیں ہم وطن

تم غلط سمجھے ہو چپڑاسی اسے گھر لے گیا
وہ جو تھا دفتر کا ہیٹر، اس کو افسر لے گیا
جس نے مکھن کم لگایا باس کو، وہ رہ گیا
وہ ترقی پا گیا جو اک کنستر لے گیا

نیاز سواتی تحریف کے ماہر تھے اور انھوں نے کئی ایسی غزلیات کی پیروڈیاں بنائیں جنھیں نیاز کی وجہ سے شہرت حاصل ہوئی۔ جب کسی شاعر کی غزل نیاز کے الفاظ میں

ڈھلتی ہے تو غزل کا شاعر خود بھی نیاز پر ناز کرتا ہو گا کہ اس کے ذریعے وہ بھی امر ہو گیا۔ ایسی ہی صرف دو مثالیں پیش ہیں جن میں تحریف نگاری کے بہترین نمونے موجود ہیں:

باس کے آگے جھکا تو بھی نہیں، میں بھی نہیں

اس لیے پھولا پھلا تو بھی نہیں، میں بھی نہیں

آؤ ہم دھندا کریں دونوں، سیاست کا نیاز!

گاؤں میں لکھا پڑھا تو بھی نہیں میں بھی نہیں

مجھے پیار ہے کسی اور سے، مجھے چاہتا کوئی اور ہے

میں ہوں گھورتا کسی اور کو، مجھے گھورتا کوئی اور ہے

مجھے دے رہا ہے جو تو دوا، مجھے اس سے کیسے ملے شفا

کہ مرا مرض کوئی اور ہے، کہ مری دوا کوئی اور ہے

ان کی طنزیہ و مزاحیہ شاعری پر انور مسعود تبصرہ کرتے ہوئے لکھتے ہیں:

"۔۔۔ ایسا لگتا ہے کہ وہ لوگوں کی باتیں ان کے ہونٹوں سے لے کر ان کے کانوں کو واپس کر دیتا ہے۔ عوامی تبصرے، عوامی زبان میں اس کے شعروں میں ڈھلتے جاتے ہیں۔ اس کی غزل سماج پر ایک Running Commentary محسوس ہوتی ہے جو ناصحانہ پن، استفسار، خود کلامی اور مشورے کا سا انداز لیے ہوئے ہے۔ سماجی تنقید اور اجتماعی ہجو نگاری (Social Satire) کے لیے اس نے ایسا دھیما اور محتاط لہجہ اختیار کیا ہے جو ناشائستگی اور دل آزاری سے کوسوں دور ہے۔ اسی لیے وہ بالعموم حدیثِ دیگراں کو حدیثِ خویش بنا کر پیش کرتا ہے۔۔۔" [۶]

۶۔ بشیر احمد چونچال

طنزیہ و مزاحیہ شاعری کے صفِ اوّل کے شعرا میں شمار ہوتے ہیں۔ غربت اور پیٹ کے دھندوں کے ساتھ مہنگائی پر متواتر اشعار ان کے مجموعہ کلام "منقار" میں ملتے ہیں۔ مثلاً:

چونچال خوب گزریں گے دن اپنے جیل میں
روٹی پکی پکائی ملے گی تنور کی

ہم ہیں کہ ناز اُٹھاتے ہیں مسری کی دال کے
وہ ہیں کہ روز کھاتے ہیں انڈے ابال کے

گوشت کھانے کی تمنا کیا بھلا کوئی کرے
دال بھی ملتی نہیں ہے اب تو آسانی کے ساتھ

کیا کروں اب کس طرح اپنی کمر سیدھی کروں
پُشت پر چونچال بارِ سنگِ اخراجات ہے

مرے گھر میں کمی کس چیز کی ہے
فقط آٹا نہیں تیری دعا سے

ایک وہ ہر بات میں ہے خود کفیل
ایک ہم ہر لحظہ محتاج مدد

ہے کہاں چونچال آسائش نصیب

آ رہا ہے وقت اب تو بد سے بد

شیخ و زاہد ان کی طنزیہ و مزاحیہ شاعری کا سب سے اہم کردار ہے۔ چونچال اس کی ذات پر ہر پہلو سے حملہ آور ہو کر اس پر پھبتیاں کستے ہیں۔ یہاں ان کا لہجہ کبھی ناصحانہ ہے تو کبھی جنگجویانہ، طعنہ زنی کرتے ہیں اور کبھی شیخ کے ساتھ ہنسی مذاق کرنے لگتے ہیں:

رواں تھا کاروبارِ انجمن کس حسن و خوبی سے

نہیں تھا مولوی کوئی شریکِ انجمن جب تک

شیخ بیرونی مدد لے کر بہت مسرور ہیں

اہل غیرت کی نظر میں بھیک آخر بھیک ہے

سخت خطرے میں ہے حلقومِ مسلمانی مرا

ہاتھ میں ان کے برابر خنجر تکفیر ہے

وہ ایسے ذکر کرتے ہیں خدا کا

کہ جیسے آئے ہیں مل کر خدا سے

جبین شیخ شب و روز سجدہ ریز رہی

پر اس کے سجدوں میں اک سجدہ بے ریا نہ ملا

بچوں کی تربیت کا نہیں کچھ انھیں شعور
کچھ بے تمیز شیخ کے بچوں کی ماں بھی ہے

رات محفل میں اچانک کھلبلی سی مچ گئی
کوئی چوہا جا گھسا تھا شیخ کی شلوار میں

تری جبین پہ دھبہ نہ جانے کیسا ہے
نشانِ داد ہے یا داغِ پارسائی ہے

کچھ ملّاؤں نے اسلام کے پسِ پردہ مسلمانوں کو تفرقے میں ڈالا اور ملّت میں مذہب کے نام پر پھوٹ ڈال کر اپنے پیٹ کے لیے حلوے مانڈے اور مرغِ مسلّم کا بندوبست کیا۔ ان واعظین نے کبھی نام نہاد مذہبی سیاستدانوں کے ساتھ مل کر ملک میں نفاذِ اسلام کا نعرہ بلند کیا اور کہیں سُنی، وہابی، شیعہ کی تفریق ڈال کر عوام کے جذبات کو مجروح کیا۔ چونچال ان سازشوں کا تذکرہ لطیف انداز میں یوں کرتے ہیں:

نظامِ مصطفیٰ نافذ ہے اعلانات کی حد تک
نکل کر بات منہ سے رہ گئی ہے بات کی حد تک

ہو گئی ہے اب نظامِ مصطفی کی ابتدا
اللہ اللہ کر کے تم شغلِ مسلمانی کرو

وہ کافروں کا نگر ہے یہ مومنوں کا وطن

وہاں ہے امن یہاں رات دن لڑائی ہے

قطعہ

عالمِ اسلام میں یہ کیا خرابی ہو گئی

یہ ہوئی سُنی تو وہ مسجد وہابی ہو گئی

ملّتِ توحید اور تفریق اللہ رے ستم

کفر کے فتوے لگانا ان کی ہابی ہو گئی

چونچال مرحوم نے فیملی پلاننگ اور کثرتِ اولاد کے موضوع پر خصوصی توجہ مرکوز کی ہے۔ یوں محسوس ہوتا ہے کہ ان کی اپنی اولاد بھی کافی زیادہ تھی جس کی وجہ سے مسائل کے گرداب سے ساری زندگی نہ نکل سکے:

فوزیہ ہوتی رہی فردوسیہ ہوتی رہی

میرے ہاں ہر سال پیدا لونڈیا ہوتی رہی

کثرتِ اولاد کے زنداں میں دم گھٹتا رہا

زندگی ہماری یارو سنکھیا ہوتی رہی

بہت بچوں کی کثرت ہو رہی ہے

ولادت پر ولادت ہو رہی ہے

اُدھر چندے پہ چندہ ہو رہا ہے

اِدھر روٹی کی قلت ہو رہی ہے

قطعہ

کنبے کے افراد اس رفتار سے بڑھتے رہے

گھر کا گھر افراد ہی افراد ہو کر رہ گیا

سلسلہ پیدائشِ اطفال کا اتنا بڑھا

میں فنا فی الکثرتِ اولاد ہو کر رہ گیا

قطعہ

نیا ماڈل اگر ہر سال آتا ہے تو پھر کیا ہے

ہماری کوشش تولید آخر رائیگاں کیوں ہو

اگر اولاد سازی کے سوا کچھ اور ہوں دھندے

تو اپنی اہلیہ چونچال دس بچوں کی ماں کیوں ہو

چونچال مہنگائی، رشوت، ڈاکا زنی، قتل و غارت، ملاوٹ، چور بازاری، بے حیائی، اخلاقی زبوں حالی جیسی در جنوں برائیوں پر طنز کر کے معاشرتی ناسوروں سے غلیظ مواد نکال باہر کرتے ہیں:

چور بازاری، گرانی، قتل و غارت، لوٹ مار

کیا کمی ہے اپنے ہاں ہر چیز کی بہتات ہے

گرانی، چور بازاری، سمگلنگ

یہاں کیا کچھ نہیں فضل خدا سے

چائے چھلکوں کی بناؤ دودھ کو پانی کرو

ہے گرانی کا سماں سامان ارزانی کرو

اللہ کا ڈر، عدل و وفا، شرم و حیا ضبط
اس دور میں فرمایئے کیا کیا نہ ہوا ضبط
اس ملک کا انجام ہو کیا جانے کہ جس میں
ہے خیر سے ہر چیز برائی کے سوا ضبط

یوں تو چمن میں ہو گا کہیں نخلِ اتحاد
کیا اس درخت میں کوئی ٹہنی ہری بھی ہے

صفِ اول کے تقریباً تمام طنزیہ و مزاحیہ شعرا نے عالمی سیاست کی منافقت پر اپنے اپنے انداز میں طبع آزمائی کی ہے۔ اس معاملے میں چونچال بھی کسی سے پیچھے نہیں اور عالمی امن کے ٹھیکیداروں کی چالوں پر عقابی نگاہ رکھتے ہوئے ان پر اشعار کی صورت یوں جھپٹتے ہیں:

تذکرے ہیں قریہ قریہ اس کے ظلم و جور کے
وہ ستم پرور مگر ناواقفِ حالات ہے

مجھے حق ہے کہ پوچھوں میں شہِ کابل سے محشر میں
کہ یو این او میں جا کر تو نے تائیدِ عدو کیوں کی

پاکستان میں آمریت کے ادوار کے ساتھ جمہوریت میں بھی زبانِ حق اور قلمِ بے باک پر پہرے بٹھائے گئے۔ نام نہاد غاصب حکمرانوں نے اپنے ذاتی مفاد کے خلاف کبھی کوئی آواز نہ اٹھنے دی اور ہر صدائے حریت کا انتہائی بے دردی کے ساتھ گلا گھونٹ دیا۔ ایسے ہی جابرانہ موسموں میں چلنے والی بے رحم آندھیوں کا گلہ چونچال نے قدم قدم

پر کیا ہے:

حالات اعتدال پر کب آئیں دیکھئے
ہما ہوا قلم ہے تو خائف زباں بھی ہے

مختلف پابندیوں میں ہیں یہ سب جکڑے ہوئے
میرا دل، میری زباں، میرا قلم، میری نظر

کی جو بھی بات خیر سے وہ کی عناد کی
سچ پوچھئے تو لیڈری جڑ ہے فساد کی

وہاں چونچال کس برتے پہ منہ ماریں سیاست میں
جہاں روٹی نہیں ملتی گزر او قات کی حد تک

ان کے ہاں عشق اور اس کے لوازمات پر بہت سے اشعار ملتے ہیں جن میں محبوب، عاشق، حسن، دل، چشم، وصل، جدائی وغیرہ عام ہیں:

حُسن کے دفتر میں چند اک منشیوں کی مانگ ہے
عشق کو بابو بنا دینے کا موسم آ گیا

حسینوں کی ہر اک شے یوں تو حشر آثار ہوتی ہے
مگر چشمِ سیہ ان سب کی نمبر دار ہوتی ہے

نازو ادا و غمزہ و چشمِ فسوں طراز
دل کا مقابلہ ہے تری آرمی کے ساتھ

دل لگانا کیا ہے اک تعمیر جوئے شیر ہے
عشق کہتے ہیں جسے وہ سخت ٹیڑھی کھیر ہے

میں بھی بن سکتا ہوں دیوانہ گریبان پھاڑ کر
عشق کیا مجنوں کے باوا کی کوئی جاگیر ہے

قیام پاکستان کے بعد مسلم معاشرے پر مغربی تہذیب و ثقافت کے اثرات بڑھتے بڑھتے اس حد تک پہنچ گئے کہ لوگوں کی اکثریت اپنی اقدار کو فرسودہ خیال کرنے لگی اور اندھا دھند فرنگی صورت میں ملبوس ہو گئی۔ لباس، آدابِ معاشرت، طرز کلام، اندازِ طعام وغیرہ کے ساتھ ہر طور طریقہ مغربی اطوار کی گواہی دینے لگا۔ اس تبدیلی پر چونچال یوں گویا ہوئے:

آگیا مونچھیں منڈا دینے کا موسم آگیا
مرد کو عورت بنا دینے کا موسم آگیا

گئے وہ دن کہ بیوی زینتِ آغوشِ شوہر تھی
نمائش حسن کی اب تو سرِ بازار ہوتی ہے

اِدھر داڑھی ہوئی رخصت ادھر مونچھوں نے کی ہجرت

خدا کا نام باقی رہ گیا ہے روئے روشن پر

چونچال کی شاعری میں مذکورہ بالا موضوعات کے علاوہ کئی متفرق اور روز مرہ واقعات پر تنقیدی اشعار نظر آتے ہیں جن سے ان کی وسعتِ مشاہدہ کے ساتھ قادر الکلامی کا اظہار ہوتا ہے۔ ان کے اشعار میں انگریزی الفاظ بطور قافیہ بھی ملتے ہیں اور کچھ غزلیات میں تو کئی اشعار میں مسلسل انگریزی زبان کے قافیے موجود ہیں۔

۷۔ ضیاء الحق قاسمی

ان کی طنزیہ و مزاحیہ شاعری معاشرے میں پائے جانے والی بے اعتدالیوں سے جنم لیتی ہے اور روز مرہ واقعات و معاملات ان کی ظرافت کا شکار بنتے ہیں۔ نظم، غزل اور قطعہ میں ان کی ظرافت کے گلہائے رنگا رنگ ملتے ہیں۔ تحریف کے فن میں کمال رکھتے تھے اور کئی معروف و مقبول غزلیات اور نظموں کو تحریف کے پیکر میں ڈھال کر نئے معانی دیے۔ پروین شاکر کی غزل "کُو بہ کُو پھیل گئی بات شناسائی کی" ضیاء کی مزاحیہ شاعری کے قالب میں ڈھلنے کے بعد اپنی بہار کچھ یوں دکھاتی ہے:

کوچۂ یار میں، میں نے جو جبیں سائی کی
اس کے ابا نے مری خوب پذیرائی کی

میں تو سمجھا تھا کہ وہ شخص مسیحا ہو گا
اس نے پر صرف مری تارا مسیحائی کی

اس کے گھر پر ہی رقیبوں سے ملاقات ہوئی

کیا سناؤں میں کہانی تجھے پسپائی کی

میرے تایا سے وہ ہیں عمر میں دس سال بڑی
گھر کے ہر فرد پہ دہشت ہے مری تائی کی

سر کھجاتے رہے ناخن تدبیر سے ہم
پھر ضرورت نہ رہی ہم کو کسی نائی کی

وہ بھری بزم میں کہتی ہے مجھے انکل جی
ڈپلومیسی ہے یہ کیسی مری ہمسائی کی

کچھ تو بدنام ہی تھے عشق بتاں میں ہم لوگ
کچھ رقیبوں نے بھی حاشیہ آرائی کی

رات حجرے میں علاقے کی پولس گھس آئی
"بات تو سچ ہے مگر بات ہے رسوائی کی"

میں جسے ہیر سمجھتا تھا وہ رانجھا نکلا
بات نیت کی نہیں بات ہے بینائی کی

درج بالا غزل میں اردو کے ساتھ پنجابی اور انگریزی الفاظ کا استعمال نئے معانی کو جنم

دے کر مزاح کو تحریک دیتا ہے۔ غزل میں قافیہ آرائی کی جدتیں بھی اس کے ابلاغ کا ایک عمدہ وسیلہ ہیں۔ پذیرائی کے ساتھ جبیں سائی، پسپائی، تائی، نائی، ہمسائی، حاشیہ آرائی اور بینائی، مزاح کے فروغ کا باعث بنتے ہیں۔

زندگی کی تلخ حقیقتوں کا بڑے ہلکے پھلکے الفاظ میں ایسے بیان کر دینا کہ تہ داری بھی برقرار رہے، ضیاء ہی کا فنی کمال تھا۔ ایک قطعہ میں اس مفہوم کو بیان کرتے ہیں کہ وطنِ عزیز میں امیر جب چاہیں انواع و اقسام کے کھانوں سے لطف اُٹھا سکتے ہیں۔ ان کے لیے کسی قسم کی کوئی پابندی رکاوٹ نہیں بنتی لیکن ان کے برعکس مفلس طبقہ ایسی غذاؤں کا تصور بھی نہیں کر سکتا۔ اسے تو مرغ بھی اس وقت نصیب ہوتا ہے جب مُرغ بیمار ہو جائے یا پھر وہ خود بیمار ہو جائے۔ بیماری کی حالت میں مریضوں کو مرغ کی یخنی تجویز کی جاتی ہے اور اس یخنی نکلے ہوئے مرغ کا گوشت غریب و مفلس کے گھرانے کو نصیب ہوتا ہے۔ قطعہ ملاحظہ ہو:

جب بھی چاہیں مرغ کھا لیتے ہیں دولت مند لوگ
دن کی پابندی نہیں منگل ہو یا اتوار ہو
ہاں مگر مفلس کو کب ہوتا ہے یہ کھانا نصیب
مرغ ہو بیمار یا وہ خود کبھی بیمار ہو

ضیاء الحق قاسمی کی اکثر نظمیں واقعہ نگاری کی حامل ہیں۔ ویسے بھی نظم کسی ایک خیال یا پسِ منظر کی عکاس ہوتی ہے اور اس کے تمام اشعار ایک ہی موضوع پر مشتمل ہوتے ہیں۔ ان کی ایسی ہی ایک نظم "میرا ٹیلی فون" دیکھیے جو پاکستان میں ابتداً عزت و تکریم کی علامت سمجھا جاتا تھا اور لوگ ٹیلی فون رکھنے والوں سے مراسم بڑھانے لگتے تھے تاکہ بوقتِ ضرورت اس سہولت سے فائدہ اُٹھا سکیں۔ محلے بھر کے افراد اپنے عزیزوں کو

رابطے کے لیے اس شخص کا فون نمبر دیتے تھے جو اس سہولت کو اپنے گھر رکھتا تھا۔ اُن دنوں ٹیلی فون لگوانا بھی ایک مسئلہ تھا اور اس کے لیے خاصی تگ و دو کی ضرورت ہوتی تھی:

آج تک ہوتا رہا ہے میرے ارمانوں کا خون
دس برس کے بعد آخر مل گیا ہے ٹیلی فون

لے کے میں ڈیمانڈ نوٹس ہکا بکا رہ گیا
اور مری آنکھوں سے خوشیوں کا سمندر بہہ گیا

ڈاکئے نے دی مبارک کچھ عجب انداز سے
بحث کیا کرتا میں اس سرکاری حیلہ باز سے

میرے گھر اہلِ محلہ رات تک آتے رہے
اور مبارک بادیوں کے پھول برساتے رہے

میری بیوی میرے بچے سب کے سب حیران تھے
منہ کھلے ہی رہ گئے تھے جیسے روشن دان تھے

اک پڑوسی کو تو لگتا تھا کہ سکتہ ہو گیا

میں محلے بھر کی نظروں میں بھی یکتا ہو گیا

گھر میں لانا فون کالانا ہے جوئے شیر کا
یہ کرم مجھ پر ہوا ہے کاتبِ تقدیر کا

دل کے مریض تھے اور طنز و مزاح کو طبیعت کے بحال رکھنے کا ذریعہ بنا رکھا تھا۔ اسی مرض کی وجہ سے ان کا انتقال ہوا جس سے گلشنِ ظرافت میں ایک بڑا خلا پیدا ہو گیا کیونکہ ضیاء ایسی تقاریب کا کوئی نہ کوئی موقع نکال کر ظرافت کی پھلجھڑیاں بکھیرا کرتے تھے۔

۸۔ڈاکٹر انعام الحق جاوید

خوش کلامیاں، خوش بیانیاں، کوئے ظرافت، سو بٹا سو، منظوم قہقہے، ساتویں سمت، گکر تھلے دھپ، کشتیِ زعفران، انتخاب در انتخاب، ہسدے وسدے، لایعنی، گلہائے تبسم، دیوانِ خاص وغیرہ کے ساتھ ساتھ تحقیق و تنقید پر مبنی کئی کتب کے خالق و مرتب ہیں اور ان کتب پر اعلیٰ اعزازات بھی حاصل کر چکے ہیں۔ ان کی شاعری کے اشجار پر لگنے والے گوہر پارے ہر بار اپنی الگ بہار دکھا کر دکھوں کو زیر بار کر کے مسکراہٹیں نثار کرتے چلے جاتے ہیں اور قاری درد و یاس کے لباس سے نکل کر قہقہوں کے ہنگامِ کارزار میں جگر فگار ہوتا ہے۔ انعام الحق جاوید اپنے قطعات کے ابتدائی تین مصرعوں میں اخلاقی و معاشرتی بُرائیوں کے ساتھ اس طرح اٹکھیلیاں کرتے ہیں، جیسے ان سے تعلق استوار کر رہے ہوں لیکن آخری مصرعے میں اچانک شمشیر بکف ہو کر ظرافت کے ایک ہی وار سے انھیں اس طرح شکار کرتے ہیں کہ تڑپنے کا موقع تک فراہم نہیں کرتے۔ ان کے شکاروں میں مولوی، بیگم، پولیس، سیلز مین، ڈاکٹر، سیاستدان، مہمان، استاد، طلبہ، عاشق و

معشوق، خوشامد، رشوت، سفارش، ڈاکے، اغوا وغیرہ اپنی لاشوں پر خود ہی نوحہ گر ہیں۔

پاکستان اور بیرونِ ملک منعقد ہونے والے طنزیہ و مزاحیہ مشاعروں کو اس وقت جو جمال اور کمال حاصل ہے اس کا سب سے بڑا سبب ان مشاعروں کی میزبانی کا ڈاکٹر انعام الحق جاوید کے سپرد ہونا ہے۔ انھوں نے ظریفانہ شاعری کو حالتِ اِضمحلال سے نکال کر عروج و دوام بخشا اور اس کو عامۃ الناس کے لیے قابل قبول بنایا۔

ہماری طنزیہ و مزاحیہ شاعری میں ابتدا کی طرح اس وقت بھی کئی حوالوں سے کچھ شعرا چند موضوعات کو پھکڑپن اور ابتذال کی ہوا دے کر پامال کر رہے ہیں اور وہ بھی چند لمحات کی خاطر۔ ان موضوعات پر شریفانہ انداز اپنا کر انھیں وقعت دی جا سکتی ہے۔ تقلیدِ کلامِ جہلا کے برعکس انعام کے ہاں یہ کام مثبت فکر کے ساتھ ملتا ہے اور عورت کی تکریم بہر صورت قائم رہتی ہے۔ انعام الحق جاوید کی طبعِ رواں نے گلدستۂ معنی کو نئے ڈھنگ سے باندھ کر ظرافت کے چمنِ دل بہار میں ان کی جلوہ نمائی کی ہے۔ اردو، پنجابی، فارسی اور انگریزی زبانوں کے حسین امتزاج سے اک پھول کے مضمون کو سو رنگ سے آشکار کیا ہے۔ چاروں زبانوں کا امتزاج لیے سحر بیانیِ انعام کے چند کرشمے ملاحظہ کیجیے:

لگتا ہی نہیں ہے مرا اَلّٰکا مرے مولا
دس سال سے بیکار ہوں اکا مرے مولا
تو چاہے تو لگ سکتا ہوں ڈائریکٹ منسٹر
ہر چند کہ اَن پڑھ ہوں سُکّا مرے مولا

دہر میں کچھ اس طرح حیرانیاں پیدا کرو
سرو کے پودے پہ بھی "خرمانیاں" پیدا کرو

یا تو پھر پکڑو نہ بے لائسنس موٹر سائیکل
یا "پروسیجر" میں کچھ آسانیاں پیدا کرو

کچھ تو شرح خواندگی میں بھی اضافہ ہو سکے
بال بچوں کی جگہ استانیاں پیدا کرو

جانِ من! سنجیدگی اچھی نہیں ہر کام میں
کچھ طبیعت میں "محمد خانیاں" پیدا کرو

ایک ایسا واقعہ جس سے ہمارا واسطہ روزانہ ہی پڑتا ہے، بظاہر معمولی نظر آتا ہے لیکن شعر کے قالب میں ڈھلنے کے بعد طنز سے لبریز اس کی نشتریت تو دیکھیے:

دیتا کبھی کسی کو بھی چکر نہیں ہوں میں
ویسے بھی آج کل کہیں نوکر نہیں ہوں میں
دروازہ کھٹکھٹائے جا رہے ہو کیوں
اک بار کہہ دیا ہے کہ گھر پر نہیں ہوں میں

مہمان باعثِ رحمت ہوتا ہے لیکن ہماری طنزیہ و مزاحیہ شاعری اس مہنگائی کے دور میں میزبان کو مہمان کا متحمل نہیں سمجھتی۔ اس حوالے سے بہت سے شعرا نے طبع آزمائی کی ہے۔ ڈاکٹر انعام الحق جاوید کا انداز بیاں ملاحظہ ہو:

سفر کرتے نہیں ہرگز مگر ستائے جاتے ہیں
اگاتے کچھ نہیں ہیں اور ڈٹ کر کھائے جاتے ہیں

ہمارے گھر میں مولا جانتا ہے کچھ نہیں باقی

مگر مہمان پھر بھی منہ اُٹھائے آئے جاتے ہیں

ڈونگے کی طرف ہاتھ بڑھاتے نہیں دیکھا

اور مرغ پلاؤ کو اڑاتے نہیں دیکھا

جس شوق سے کل لنچ کی دے ڈالی ہے دعوت

لگتا ہے کہ تم نے اسے کھاتے نہیں دیکھا

آخر میں صرف ایک ہمہ پہلو نمکین غزل پیش ہے جس میں رشوت، مکر و
فریب، پولیس اور بیوی وغیرہ کو ہدفِ مزاح بنایا گیا ہے:

جس شخص کی اوپر کی کمائی نہیں ہوتی

سوسائٹی اس کی کبھی "ہائی" نہیں ہوتی

کرتی ہے اسی روز وہ شاپنگ کا تقاضا

جس روز مری جیب میں پائی نہیں ہوتی

پولیس کرا لیتی ہے ہر چیز برآمد

اس سے بھی کہ جس نے یہ چُرائی نہیں ہوتی

مکر اور دغا عام ہے، پر اس کے علاوہ

اس شہر میں کوئی بھی بُرائی نہیں ہوتی

تب تک وہ بھری بزم میں لگتا ہے معزز
جب تک کہ غزل اُس نے سنائی نہیں ہوتی

۹۔ سرفراز شاہد

ان کا شمار پاکستان کے اہم مزاح گو شعرا میں ہوتا ہے۔ سرفراز شاہد کی مزاحیہ شاعری میں بیگم، عاشق، محبوبہ، مولانا، مہمان، مہنگائی، فیشن، اقربا پروری، دھونس، دھاندلی، استحصال وغیرہ کو بطور خاص طنز و مزاح کا نشانہ بنایا گیا ہے۔ کہیں کہیں تو ان میں سے کئی صورتیں ایک ہی قطعے میں اکٹھی مل جاتی ہیں۔ مثال کے طور پر بیوی، مہمان اور مہنگائی کا اتصال دیکھیے:

بیوی مری جن بھوت سے ڈرتی نہیں لیکن
مہمان کا ہوّا اسے اچھا نہیں لگتا
مہنگائی کے اس دور میں دیوار پہ گھر کی
بیٹھا ہوا کوّا اسے اچھا نہیں لگتا

مہمان کی آمد اگر کچھ وقت کے لیے ہو تو رحمت ہوتی ہے لیکن مہمان، مستقل مہمان بن بیٹھے تو صورت وہی ہوتی ہے جس کے تذکرے سرفراز کی شاعری میں بکھرے پڑے ہیں:

ہے میزبانی کا یہ تقاضا کہ آئے مہماں تو مسکرادو
مگر طبیعت یہ چاہتی ہے گلے ملو اور گلا دبادو

عورت کا کوئی بھی روپ ہو، سرفراز اُس پر طنز کا وار کرنے سے نہیں چوکتے۔ ایسے ہی چند کرداروں پر سرفراز شاہد کی طبع آزمائی ملاحظہ ہو:

آہ بھرتی ہوئی آئی ہو سلمنگ سنٹر
آہ کو چاہیے اِک عمر اثر ہونے تک
ڈائیٹنگ کھیل نہیں چند دنوں کا بیگم
اِک صدی چاہیے کمرے کو کمر ہونے تک

اپنے مشاہدات کی سائنسی توجیہات نے سرفراز کو ایک جداگانہ اندازِ تخاطب عطا کیا ہے جو نذیر احمد شیخ کے بعد صرف ان کی راہ ہے اور ان کے بعد اس پر کسی اور کی آمد ابھی تک ممکن نہیں ہوئی۔ کلامِ سرفراز سے سائنسی تجزیات کی اہم مثالیں پیش ہیں:

ہر گوہر حسین ہے اک کاربن کا روپ
یاقوت بن گیا کبھی مرجان ہو گیا

اِک خلاباز کی سنیں چیخیں
اس کو رکشے پہ جب سوار کیا

حیراں ہوں گروپ اور ہے کچھ میرے لہو کا
ہاتھوں پہ ہے اس بت کے حنا اور طرح کی

مٹن اور دال کی قیمت برابر ہو گئی جب سے
یقیں آیا کہ دونوں میں حرارے ایک جیسے ہیں

ان کے متنوع موضوعات جدید ترین طنزیہ و مزاحیہ شاعری میں ان کے فن کی عظمت کا منہ بولتا ثبوت ہیں۔ ایسے ہی متفرق موضوعات پر سرفراز شاہد کی قادر الکلامی

کے کرشمے دیکھیے:

ہے پاک دھماکوں پہ چچا سام کو حیرت
کیسے ہوئی یہ بات جو ہم نے نہیں چاہی
اب ایٹمی ہتھیار سے کیوں لیس ہے مومن
پہلے تو یہ بے تیغ ہی لڑتا تھا سپاہی

گھری رہتی ہیں جو افلاس کے بحران میں ساری
صدی اکیسویں ان پر نہ ہو جائے کہیں بھاری
خدایا تیسری دنیا کی یہ قومیں کدھر جائیں
جو آدھی "ایڈ" پہ زندہ ہیں، آدھی "ایڈز" کی ماری

جناب شیخ اپنے وعظ میں روزانہ برسوں سے
سنائے جا رہے ہیں ایک ہی افسانہ برسوں سے
ڈش انٹینا کے رستے روز آتی ہیں مرے گھر میں
وہ حوریں جن کے چکر میں ہیں یہ مولانا برسوں سے

۱۰۔ پروفیسر محمد طٰہٰ خان

انھوں نے طنزیہ و مزاحیہ شاعری میں موضوعات کے وسیع کینوس پر کئی رنگ بکھیرے اور اب تک رنگوں کی یہ بہار طنز و مزاح کی خوشبوئیں ہر جانب بکھیر رہی ہے۔ اردو زبان پر خصوصی مہارت کی وجہ سے ان کی شاعری میں کوئی لفظ اپنے مرتبے اور معیار سے گرنے نہیں پاتا۔ زود گوئی کا یہ عالم ہے کہ روزانہ ایک اخبار میں مزاحیہ قطعہ

لکھتے ہیں جو زیادہ تر ملکی و عالمی سیاسی حالات و واقعات پر اظہار کا حامل ہوتا ہے۔ طنز و مزاح پیدا کرنے کے کئی حربوں کو بیک وقت استعمال میں لا کر طویل قامت شعری پیکروں کو وجود میں لاتے ہیں جن کی اثر پذیری کئی گنا بڑھ جاتی ہے۔ خالص مزاح گوئی کا وصفِ خاص ان کا خاصہ ہے۔ پروفیسر صاحب کی طنزیہ و مزاحیہ شاعری سے چند مثالیں بطور نمونہ ملاحظہ ہوں:

کیا کہیں کس سے کہیں کتنی گراں ہے زندگی
تھی کبھی جاں اب فقط تسلیمِ جاں ہے زندگی

ہر طرف سے خشک جوتے کی طرح اکڑے ہوئے
جاہلوں کے منہ میں انگریزی زباں ہے زندگی

لڑی اس ٹھاٹ سے منکوحۂ کافر بیاں میری
فرشتے لکھتے لکھتے چھوڑ بھاگے داستاں میری

محلے بھر کی دیواروں پہ سر ہی سر نظر آئے
مرے بچوں نے جس دم لُٹ لی طرزِ فغاں میری

مسلماں ہوں مگر یہ سوچ کر مرنے سے ڈرتا ہوں
نہ جانے کس کے گھر جائے بلائے ناگہاں میری

دونوں جہان ایک الیکشن میں ہار کے

کل کہہ رہا تھا کوئی شبِ غم گزار کے

بستی کے ساکنوں نے اُڑایا بہت مذاق

ہم کو غریب جان کے ہنس ہنس پکار کے

ہم نے چرا کے بیچ دیے جس کے زیورات

وہ سال بھر تو دال نہ دے گی بگھار کے

وہ چھوڑ جائے گی تو کہیں گے تمام رات

"تم کیا گئے کہ روٹھ گئے دن بہار کے"

۱۱۔ ساغر خیامی

بھارت کے مشہور و معروف طنزیہ و مزاحیہ شاعر تھے۔ جب بھارت کے زیادہ تر مزاح گو فحش گوئی اور ابتذال کو بڑھاوا دے کر طنز و مزاح پیدا کرنے کی جانب راغب تھے، ساغر خیامی نے شائستگی کا اسلوب اختیار کر کے مزاح کشید کرنے کا فریضہ انجام دیا۔ ڈاکٹر انعام الحق جاوید "گلہائے تبسم" میں ساغر خیامی کی شاعری کے متعلق لکھتے ہیں:

"۔۔۔ ظریفانہ شاعری میں ایک خاص رنگ اور اسلوب کے حامل ہیں۔ نظموں اور قطعات کے علاوہ چھے مصرعی نظمیں خاص لطف دیتی ہیں۔۔۔۔"[۷]

جن چھے مصرعی نظموں کا ذکر ڈاکٹر انعام الحق جاوید نے کیا ہے وہ "چھکے" کے

عنوان سے کتاب میں موجود ہیں۔ ان میں قطعے کا سا اندازِ بیاں ملتا ہے۔ پہلے پانچ مصرعے واقعے یا خیال کے متعلق فضا ہموار کرتے ہیں اور چھٹا مصرع اس فضا میں اچانک پھلجھڑیاں چھوڑ کر تمام پسِ منظر میں ظرافت کے رنگ بھر دیتا ہے:

ساغر ترے سماج کا الٹا ہے سب نظام
جو ہے مقام صبح وہاں ہو رہی ہے شام
انجینئر کریں گے اگر ڈاکٹر کا کام
پھر جان لیں مریض کی ہے زندگی تمام
رونے لگا مریض فقط اتنا بول کے
ظالم کہاں چلا گیا نٹ بولٹ کھول کے

ایک دن بیگم یہ بولیں اپنی نظریں موڑ کے
دانت سونے کے لگاؤ سارے خرچ چھوڑ کے
عرض کی بیگم سے ہم نے ہاتھ اپنے جوڑ کے
لے گئے ڈاکو کسی کے دانت جبڑا توڑ کے
پڑھ کے کل اخبار میں بیگم حیا سے گڑ گیا
ایک نیتا جی کے منہ میں رات ڈاکہ پڑ گیا

ان کی نظمیں بھی اسی انداز کی حامل ہیں اور قاری کو اس وقت تک اپنے سحر میں مقید رکھتی ہیں جب تک وہ نظم کا آخری مصرع پڑھ نہیں لیتا۔ دوسرے لفظوں میں ان کی نظمیں ڈرامے کا وہ فنی پہلو رکھتی ہیں جس میں ناظر "اب کیا ہو گا؟" کے تجسس میں مبتلا رہ کر آئندہ قسط کے انتظار میں کھو جاتا ہے۔ ایک ایسا ہی تاثر درج ذیل نظم میں دیکھیے:

گلزارِ زندگی کو جہنم بنا گیا
جب سے مرے پڑوس میں ہم شکل آگیا

ہنستا ہے مجھ کو دیکھ کر وہ خانماں خراب
مقروض وہ ہے جوتیاں کھاتا ہوں میں جناب

لڑکی سڑک پر چھیڑ دی اس بد شعار نے
دو ہاتھ میرے جھاڑ دیئے تھانے دار نے

اولاد نامراد کے بھی جلدی ہو گئی
خادم کی بے قصور ہی نس بندی ہو گئی

داؤ مشاعرے میں بھی اک روز دے گیا
کنوینئر سے مل کے مرے دام لے گیا

غزلیں سنا رہا تھا ہماری زمین میں
وہ شاعروں کے بیچ تھا ہم سامعین میں

یوں دوستوں نے ختم مرا وزن کر دیا

میں مر گیا تھا اور اسے دفن کر دیا

۱۲۔ پروفیسر عنایت علی خاں

اردو کے اہلِ زبان شاعر ہیں اور مزاحیہ مشاعروں میں ان کا لب و لہجہ اپنی انفرادیت کی وجہ سے سامعین کی توجہ اپنی جانب منتقل کرنے میں ہمیشہ کامیاب رہا ہے۔ بیگم، فیشن اور مہنگائی کی مثلث ان کے موضوعات پر چھائی ہوئی ہے لیکن اس کے علاوہ بھی کئی موضوعات پر پُر مزاح اشعار کہتے ہیں۔ "از راہِ عنایت " اور "عنایات" کے نام سے شعری مجموعے شائع ہو کر اہلِ سخن سے داد وصول کر چکے ہیں۔ ڈاکٹر انعام الحق جاوید نے ان کی موجودگی کو مشاعرے کی کامیابی کی ضمانت قرار دیا ہے۔ مزاح کے شانہ بشانہ طنز کے تیکھے تیروں کی بوچھاڑ بھی کرتے رہتے ہیں۔ نمونہ کلام دیکھیے:

بہبودیِ عوام ابھی زیرِ غور ہے
یعنی ہر ایک کام ابھی زیرِ غور ہے
بلقیس کے خصم کو ترقی بھی مل گئی
میرے میاں کا نام ابھی زیرِ غور ہے
چھے ماہ سے مریض کی حالت تباہ ہے
نزلہ ہے یا زکام ابھی زیرِ غور ہے

قوم کے نفسیاتی ہیجان پر ان کی خاص نظر ہے اور ایسی کسی بھی صورتِ حال پر رواں تبصرے سے گریز نہیں کرتے۔ جب پاکستان کی کرکٹ ٹیم ورلڈ کپ کھیل رہی تھی تو زندگی کا ہر شعبہ جزوِ معطل بن کر رہ گیا۔ اس جنونی شوق پر پروفیسر عنایت علی خان نے بڑے شگفتہ لہجے میں چوٹیں لگائی ہیں۔ "ذرا ورلڈ کپ ہو لے۔۔۔" کے عنوان سے کہی گئی نظم کے دو بند ملاحظہ کیجیے:

مجھے ہمسائے کے گھر میں جو نہی شعلے نظر آئے

تو قبل اس سے کہ یہ آتش مرے گھر تک پہنچ جائے

بہ عجلت تھانے اور فائر بریگیڈ فون کھڑکائے

مگر دونوں جگہ سے یہ جواب لاجواب آئے

ذرا یہ ورلڈ کپ ہولے تو اس کے بعد دیکھیں گے

مرا اک دوست مدت بعد مجھ سے ملنے آیا کل

یہیں دل کا پڑا دورہ تو میں بھی ہو گیا بے کل

وہ بولا، تیسرا دورہ ہے دل کے وارڈ میں لے چل

وہاں پہنچا تو بولا ڈاکٹر کچھ سوچ کر اک پل

ذرا یہ ورلڈ کپ ہولے تو اس کے بعد دیکھیں گے

۱۳۔ امیر الاسلام ہاشمی

پاکستان میں کشتِ زعفران کے ایک پُر گو شاعر ہیں۔ طنز و مزاح میں "گر تو برانہ مانے، وعلیکم السلام اور ضربِ ظرافت" جیسے شعری مجموعوں کی بدولت معروف ہیں۔ سیاسی اور سماجی حالات ہوں یا وعظ و محتسب کی خبر لینی پڑے، عوامی رویوں پر چوٹ کرنی ہو یا اخلاقی انحطاط پر طنز کے تیر برسانے ہوں، امیر الاسلام ہاشمی نڈر اور بے باک سپہ سالار کی طرح کمان سنبھال کر ان پر لشکر کشی کرتے ہیں۔ خالص مشرقی روایات کے دلدادہ ہیں اور انھوں نے طنزیہ و مزاحیہ شاعری کو اسلام قبول کرا کر مسلمان بنانے میں بنیادی کردار ادا کیا ہے۔ اکبر اور اقبال کی طرح قوم کا درد رکھتے ہیں اس لیے ان کی متبسم شاعری اکثر اوقات سنجیدگی کی حدوں کو چھونے لگتی ہے۔ شاعری کے تیور ملاحظہ ہوں:

حیا گرتی ہوئی دیوار تھی، کل شب جہاں میں تھا
نظر اُٹھنا بہت دشوار تھی، کل شب جہاں میں تھا
ڈھکے تھے جسم نازک کے جو حصے ان کے اندر بھی
بلا کی حسرتِ اظہار تھی، کل شب جہاں میں تھا
جنابِ شیخ بھی پیاسے نظر آتے تھے شدت سے
طہارت بر سرِ پیکار تھی، کل شب جہاں میں تھا

قطعات کا ظریفانہ شاعری میں بڑا اہم کردار ہے اور اس صنف میں جدید ترین عہد کے تمام شعرا طبع آزمائی کر رہے ہیں۔ امیر الاسلام ہاشمی کے قطعات اپنے موضوعات سے پورا پورا انصاف کرتے ہیں۔ عام طور پر لوگ مساجد میں نئے جوتے پہن کر جانے سے گھبراتے ہیں کیونکہ کئی سرپھرے صرف اس لیے مساجد کا رُخ کرتے ہیں تاکہ نئے جوتے چرا کر لے جائیں۔ عیدین یا جمعہ کی نمازوں کے بعد ایسے مناظر دیکھے گئے ہیں کہ لوگ اپنے جوتوں کی خاطر نماز بھی بڑی بے قراری سے ادا کرتے ہیں۔ جوتا چوری کی اس لعنت کی وجہ سے نمازی اپنے جوتے مسجد کے اندر لے جا کر اپنے سامنے رکھتے ہیں تاکہ چوری سے محفوظ رہیں۔ امیر الاسلام ہاشمی نے اس تشویش ناک پہلو کا مضحکہ اس طرح اُڑایا ہے:

پیغامِ عمل

رات کا وقت بھی ہے اور ہے مسجد بھی قریب
اٹھئے جلدی سے کہ پیغامِ عمل لایا ہوں
گھر میں فی الحال ہیں جتنے بھی پرانے جوتے
آپ بھی جا کے بدل لیں، میں بدل آیا ہوں

سیاست دان جو اپنے آپ کو قوم کا خادم کہلانے پر فخر محسوس کرتے ہیں، ان کی

تقاریب کی نوعیت اگر عام آدمی دیکھ لے تو ان خدامِ قوم سے کسی قسم کے مثبت کام کی توقع نہ رکھے۔ ویسے تو ان لوگوں کا ہر کام ہی قوم کے سرمائے کو ڈبونے کا سبب بنتا ہے لیکن صرف ان کے طرزِ خورد و نوش کی ایک ہلکی سی جھلک امیر الاسلام ہاشمی کے ہاں دیکھیے:

کیا بتاؤں تمھیں خدامِ وطن کا مینو
پی کے کیا کھاتے ہیں کیا کھا کے پیا کرتے ہیں
کچھ بھی پیتے نہیں یہ قوم کی یخنی کے سوا
ناشتہ ملتِ بیضہ کا کیا کرتے ہیں

۱۴۔ڈاکٹر صابر آفاقی

"خندہ ہائے بیجا" کے خالق ڈاکٹر صابر آفاقی شعبۂ درس و تدریس اور تحقیق و تنقید سے وابستگی کی وجہ سے شاعری کی پختہ اور جاندار زبان سے آشنا ہیں۔ موضوعات کی وسعت اور شاعری کی خصوصیات پر پروفیسر انور مسعود رقمطراز ہیں:

"۔۔۔صابر آفاقی کی مزاحیہ اردو شاعری ہمارے بیمار معاشرے کی بڑی شفاف آئینہ داری کرتی ہے۔ انھوں نے ہمارے سماج کی سلسلہ در سلسلہ بے اعتدالیوں اور ناہمواریوں کی بھرپور نشاندہی کی ہے۔ دفتر، افسر، ماتحت، بازار، چور بازاری، تعلیمی ادارے گھریلو زندگی، سیاسی لیڈر، وزرائے کرام، نام نہاد دانشور، ذرائع ابلاغ، مولوی اور مسٹر، پولیس اور تھانے، تخریب کاری، ڈاکٹر اور ہسپتال، خارجہ پالیسی، ملکی مصنوعات، سجادہ نشین اور محکمہ موسمیات، غرض وہ ساری شخصیتیں اور وہ سارے ادارے جن کے سہارے زندگی کے دھارے بہتے ہیں صابر آفاقی کے موضوعات ہیں۔ ان سب منظروں کی جھلکیاں دیکھ کر یوں محسوس ہوتا ہے کہ ہمارا معاشرہ اپنا توازن کھو چکا ہے اور ہماری قوم

نفسِ امّارہ کے جنگل میں کھو گئی ہے۔"[۸]

وطنِ عزیز میں چلنے والی جدید مغربی روشوں اور من مانی کرنے والے طبقوں پر تنقید کا طنزیہ و مزاحیہ انداز "تقدیر" کے عنوان سے ملاحظہ ہو:

میں اندھے اور بہرے دور کا انسان ہوں یارو
میں کیسا آدمی ہوں اور مری تقدیر کیسی ہے!
جو اندھا ہے اسے تصویر دکھلا کر یہ پوچھوں میں
مری تصویر کو دیکھو مری تصویر کیسی ہے!
جو بہرہ ہے اسے تقریر سنوا کر یہ رائے لوں
مری تقریر سن لی اب کہو تقریر کیسی ہے!

۱۵۔ عبیر ابوذری

"پانی وچ مدھانی" اور "پاپڑ کرارے" کے ہر دلعزیز خالق عبدالرشید نے عبیر ابوذری کے قلمی نام سے دنیائے طنز و مزاح میں اپنا سکہ جمائے رکھا۔ زیادہ کلام پنجابی زبان میں موجود ہے لیکن اردو میں جو بھی کہا وہ مقبول ہوا۔ ان کے شگفتہ اردو کلام میں پنجابی کے الفاظ و محاورات کی بے ساختہ آمد بالکل نئی طرح کا لطف دیتے ہیں۔ کم تعلیم یافتہ ہونے کے باوجود ان کی شاعری میں مشاہدے کی گہرائی و وسعت حیران کر دیتی ہے۔ ڈاکٹر انعام الحق جاوید "پانی وچ مدھانی" کے دیباچے میں عبیر ابوذری کی شاعری کے بارے میں لکھتے ہیں:

"سماجی تے معاشرتی برائی دی صورت وچ اوہناں نوں جتھے وی کوئی ہجھ نظر آیا اے اوہ اوہنوں بدلن لئی اکھراں دی فوج لے کے میدان وچ اُتر آندے نیں۔ ارتکازِ زر وی اوہناں دا مسئلہ اے، تے رشوت خوری تے بے ایمانی نوں وی اوہ اک دائمی روگ

سمجھدے نہیں۔ ایہو وجہ اے جے کِدھرے کِدھرے اوہناں دا لہجہ مٹھیاں گولیاں دین والے ہومیو پیتھ پُڑیاں وچکن والے حکیم دی بجائے اک ماہر سرجن والا ہو جاندا اے۔ ایہہ وکھ گل اے کہ ایہو جئیاں موقعیاں تے او اینستھیزیا دی انتہائی مناسب ڈوز استعمال کر کے اپریشن جیہے عمل نوں گُدگدی وچ تبدیل کر دیندے نیں۔۔۔"[۹]

ان کے اشعار جتنے زیادہ مشاعروں میں داد پاتے ہیں اتنے ہی تنہائی میں پڑھتے ہوئے لطف دیتے ہیں۔ قافیوں کی جدت ان کے مداحوں کو متاثر کیے بغیر نہیں رہتی اور مشاعرہ پڑھنے کا سیدھا سادہ دیہاتی لب و لہجہ عبیر ابوذری کی ذات کے داخلی پہلوؤں سمیت سامنے آ کھڑا ہوتا تھا۔ پاک وطن میں جو دیکھا اور محسوس کیا، اسے کاغذ پر اتار دیا۔ محسوسات کی اسی کشمکش کا تسلسل اس غزل میں دیکھیے جہاں اہلِ وطن کی بے عملی، ایک دوسرے کی ٹانگیں کھینچنے اور محنت سے جی چرانے پر نوحہ خواں ہیں:

ہم صورتِ حالات سے آگے نہ جا سکے
گویا کہ اپنی ذات سے آگے نہ جا سکے

مدت ہوئی ہے گولڈن دن کی تلاش میں
تا حال کالی رات سے آگے نہ جا سکے

کوشش تو ہم نے بہت کی اونچے مقام کی
گھر کے بنیر اجات سے آگے نہ جا سکے

غیروں نے ایجادات سے دنیا کو سُکھ دیئے
ہم ہیں کہ مسئلہ جات سے آگے نہ جا سکے

آگے نہ جانے دیں گے، نہ ہم خود ہی جائیں گے
ہم ان بکھیڑ اجات سے آگے نہ جا سکے

اسی طرح کی ایک اور غزل میں چپاتی کے کاغذاتی ہونے، پارساؤں کی حکمرانی کے باوجود وارداتوں کی بھرمار، ہر بجٹ میں خسارے کے حسابات وغیرہ پر یوں تشویش ظاہر کرتے ہیں:

بہت دُبلی بہت پتلی حیاتی ہوتی جاتی ہے
چپاتی رفتہ رفتہ کاغذاتی ہوتی جاتی ہے

ہمارے گال بھی پچکے ہوئے امرود جیسے ہیں
اور ان کی ناک ہے کہ ناشپاتی ہوتی جاتی ہے

ملی ہے حکمرانی دیس کی جب پارساؤں کو
تو اپنی قوم کیوں پھر وارداتی ہوتی جاتی ہے

بجٹ اس کا خسارے کا اور اپنا بھی خسارے میں

حکومت بھی ہماری ہم جماعتی ہوتی جاتی ہے

اس غزل کا دوسرا شعر شگفتگی کے ساتھ ایک عالمگیر سچائی کو کھول کر سامنے رکھ دیتا ہے کہ مہنگائی و مفلسی میں دھنسی ہوئی قوم کے افراد کے گال اس طرح اندر کو دھنس گئے ہیں جیسے کسی قحط زدہ ملک میں لوگوں کی حالت ہوتی ہے۔ اس کے برعکس اسی قوم کے حکمران اور غاصب طبقہ کی ناک بھی پھولی ہوئی دکھائی دیتی ہے جیسے ناشپاتی ہو۔ اسی طبقے کی وجہ سے ملک آئے روز شورشوں اور بے امنی کی دلدل میں گرتا چلا جارہا ہے۔ انسانی خصائص پر حیوانی جبلتیں غلبہ پارہی ہیں اور ایک طرف امرا کے کتے گرم لحافوں میں سوتے ہیں تو دوسری جانب غربا کے کمسن بچے ٹھٹھرتی راتوں میں ننگے آسمان تلے زندگی کی سانسیں پوری کرنے پر مجبور ہیں۔

عبیر ابوذری خالص مزاح گوئی اور منفرد طرزِ تکلم میں اپنا ثانی نہیں رکھتے تھے۔ اردو شاعری کا سب سے معتوب کردار "ملا" جب عبیر کی مزاح نگاری کا نشانہ بنتا ہے تو ساتھ ہی اس پر شدید طنز کرتے ہیں۔ اسلام میں نئے نئے مسالک کا قصوروار گردانتے ہوئے اسے نفرتیں پھیلانے کا باعث قرار دیتے ہیں۔ امن و امان کی حالت پر تو ان کا یہ شعر مثل بن چکا ہے:

ہر روز کسی شہر میں ہوتے ہیں دھماکے
رہتی ہے مرے دیس میں شب رات مسلسل

غزل کے دیگر اشعار درج ذیل ہیں:

رویا ہوں تری یاد میں دن رات مسلسل
ایسے کبھی ہوتی نہیں برسات مسلسل

کانٹے کی طرح ہوں میں رقیبوں کی نظر میں
رہتے ہیں مری گھات میں چھے سات مسلسل

چہرے کو نئے ڈھنگ سے سجاتے ہیں وہ ہر روز
بنتے ہیں مری موت کے آلات مسلسل

اجلاس کا عنوان ہے اخلاص و مروت
بدخوئی میں مصروف ہیں حضرات مسلسل

ہم نے تو کوئی چیز بھی ایجاد نہیں کی
آتے ہیں نظر ان کے کمالات مسلسل

کرتے ہیں مساوات کی تبلیغ وہ جوں جوں
بڑھتے ہی چلے جاتے ہیں طبقات مسلسل

ملاؤں نے اسلام کے ٹکڑات کیے ہیں
مسلّات سے پھیلاتے ہیں نفرات مسلسل

اُمرا کے موافق ہے فضا دیس مرے کی
کٹتے ہیں جہاں عیش میں لمحات مسلسل

۷ دسمبر ۱۹۹۷ء کو طنز و مزاح کا یہ آفتاب اپنی روشنی کی تب و تاب دکھا کر فیصل آباد میں غروب ہو گیا۔

۱۶۔ اسد جعفری

۸۰ء کے بعد منظرِ مزاح پر اُبھرنے والے سخن وروں میں شامل ہیں لیکن عوام میں ان کو وہ مقبولیت حاصل نہ ہو سکی جس کے حق دار تھے۔ نظم اور غزل کے میدان کے شہ سوار ہیں۔ پیروڈی کے فن کا بر ملا استعمال کرتے ہیں اور کہیں کہیں تضمین کی مثالیں بھی مل جاتی ہیں۔ اسد جعفری کے فن کی ایک خاص بات یہ ہے کہ انھوں نے ان موضوعات پر بڑی پُرکشش نظمیں کہہ لی ہیں جن پر ان کے معاصرین پہلے اظہار کر چکے تھے۔ شوہر کی بے چارگی، منصوبہ بندی کی طرفداری، اقبال کے شکوہ کی پیروڈی، پرانی کار، ٹرین کا سفر وغیرہ ایسی ہی برتی ہوئی نظمیں ہیں جن کو اسد نے نئی زبان دی۔ معاشرے کے مضحک پہلوؤں پر اسد جعفری کے قلم توڑ اشعار کا نمونہ دیکھیے:

بس اتنا یاد ہے مجھ کو کل اک ویگن سے اُترا تھا
اب اپنی شکل آپ مجھ سے پہچانی نہیں جاتی

مجھے لت پڑ گئی ہے روز اک تازہ کرپشن کی
یہ وہ عادت ہے پیارے کہ بآسانی نہیں جاتی

کسی امید پر ووٹر کسی کو ووٹ دیتا ہے
پھر اس کے بعد ووٹر کی پشیمانی نہیں جاتی

مرے گھر میں اب ان کی تربیت کا ہے خدا حافظ
مرے بچوں کی جب تک اے اسد نانی نہیں جاتی

"چلتن ایکسپریس" میں بیان کی گئی کہانی عید اور ایسے ہی دوسرے تہواروں پر اپنے دیس میں بارِ دگر دہرائی جاتی ہے۔ ریلوے کے اربابِ اختیار کئی حادثات کے بعد بھی نہیں سنبھلتے۔ ملک میں اوپر سے نیچے تک سزا و جزا کا تصور ناپید ہونے کی وجہ سے ہر شخص اور ہر محکمہ شترِ بے مہار کی مثال پیش کرتا ہے۔ نظم "چلتن ایکسپریس" کے تین بندوں میں واقعہ نگاری کا کمال پیش ہے:

اذیت ناک اس گاڑی کا اندازِ روانی ہے
بڑی دلدوز اس کے ہر مسافر کی کہانی ہے
سفر کی ہر صعوبت اک بلائے ناگہانی ہے
نہ روٹی ہے نہ سالن ہے نہ چائے ہے نہ پانی ہے
یہ ڈیزل کی بجائے ہر قدم پر جان کھاتی ہے
جوانی آدمی کی راستے میں بیت جاتی ہے
یہاں ایمان کی دولت بھی ہے اک جنسِ بے مایہ
نکل جاتا ہے ہر اک دل سے غمخواری کا سرمایہ
حقیقت میں یہ راز اب تک سمجھ کوئی نہیں پایا
گیا اک بار جو بیت الخلا میں پھر نہیں آیا
جو تھی جائے فراغت بن گئی جائے اماں شاید
یہی ہے گوشہ محفوظ زیرِ آسماں شاید
ترس آتا ہے رہ رہ کر مجھے ان ناتوانوں پر

پڑے ہیں بوجھ بن کے جو تھکے ہارے جوانوں پر
سلاخوں سے چمٹ کر جو کھڑے ہیں پائیدانوں پر
ہیں ان کی خانہ بربادی کے قصے آسمانوں پر
ہر اک جھٹکے پہ ٹانگیں کانپتی ہیں دم نکلتا ہے
سنبھل کر کوئی گرتا ہے کوئی گر کر سنبھلتا ہے

۱۷۔ اطہر شاہ خاں جیدی

یہ مزاح کے مختلف حربوں میں طاق ہیں لیکن موضوعات کی تشنگی صاف محسوس ہوتی ہے۔ ان کی شگفتہ شاعری میں اس تشنگی کی ایک وجہ یہ سمجھ میں آتی ہے کہ اطہر شاہ جیدی کئی کشتیوں کے سوار ہیں اور ان کی توجہ کسی ایک جانب مستقل مرکوز نہیں رہتی۔ ان کی طنزیہ شاعری زیادہ تر عشق اور اس کے متعلقات کے گرد گھومتی ہے۔ مبالغہ آرائی نے ان کی فصاحت کو متاثر کیا ہے۔ ان چند خامیوں کے ہوتے ہوئے بھی گھریلو زندگی کی چھوٹی چھوٹی ناہمواریوں کو مزاح کے لبادے میں سامنے لاتے رہتے ہیں۔ عورت کے مختلف روپ ان کی طنز کا اکثر نشانہ بنتے ہیں۔ قطعات کی صورت میں مثالیں درج ذیل ہیں:

یارب دلِ جیدی میں ایک زندہ تمنا دے
تو خواب کے پیاسے کو تعبیر کا دریا دے

اس بار مکاں بدلوں تو ایسی پڑوسن دے

"جو قلب کو گرما دے اور روح کو تڑپا دے"

ناکام محبت کا ہر اک د کھ سہنا

ہر حال میں انجام سے ڈرتے رہنا

قدرت کا بڑا انتقام ہے جیدی

محبوبہ کی اولاد کا "ماموں" کہنا

گھونگٹ اٹھتے ہی چیخ اُٹھی دلہن

اف اسی شکل کے جوان ہیں آپ

مجھ کو مرحوم کتنے پیارے تھے

ہو بہو میرے بھائی جان ہیں آپ

۱۸۔ خالد مسعود خان

خالد مسعود طنزیہ و مزاحیہ شاعری کے جدید ترین عہد کی ایک جانی پہچانی اور منفرد آواز ہے۔ اردو کے ساتھ دیگر زبانوں کے استعمال سے مزاح پیدا کرتے ہیں اور اپنی اسی خصوصیت کی بنا پر عام طبقے میں الگ سے شناخت بنائی۔ اس حربے سے یہ عوام میں مقبول تو ہو گئے لیکن حقیقت میں ان کی ایسی شاعری آدھا تیتر، آدھا بٹیر بن کر رہ گئی۔ لفظی بازی گری سے مزاح کے چشمے کو رواں رکھنے میں یقیناً کامیاب ہیں لیکن بدقسمتی سے مزاح میں پائی جانے والی شائستگی سے ہاتھ دھو بیٹھے۔ ان کی دیکھا دیکھی مزاحیہ شعرا کی ایک ایسی

کھیپ سامنے آ رہی ہے، جس پر کسی لحاظ سے فخر نہیں کیا جا سکتا۔ خالد مسعود کی ایسی ہی مزاحیہ شاعری سے چند مثالیں دیکھیے:

پُھپھا وہ گنجے والے جو لے گئے تھے اُدھار کنگھی
مہینہ ہونے کو آ گیا ہے نہ اُس نے دتی نہ ہم نے منگی

سحر دوپہرے سب سے چھُپ کر اَمب پر چڑھیا کرتے تھے
منہ سُج بھڑولا ہوتا تھا جب ڈیمبو لڑیا کرتے تھے

اس کا رشتہ نہ ہونے کا باعث اس کا ابّا تھا
سب حریان تھے اس نے ایسا ابّا کہاں سے لبھا تھا

چند ایسے اشعار جن میں مزاح کے ساتھ طنز کی کچھ لہریں ملتی ہیں، دیکھتے چلیے:

سمجھ نہیں آتی، بتی دھاریں وہ کس سے بخشائے
اس کی ماں تو فیڈر تھی اور سکے دودھ کا ڈبا تھا

افلاطون نے خواب میں مجھ کو یہ نقطہ سمجھایا
جو بندہ بھی ہو گا ماڑا، مارا جائے گا

نئے نظام کی بڑھکیں سنتے سنتے عمر گزر گئی ساری
وڈا ہر تھاں وڈا، چھوٹا چھوٹا ای ہوتا ہے

۱۹۔ پاپولر میرٹھی

بھارت کا معاشرہ ان خامیوں سے بھرا ہوا ہے جو ہمارے معاشرے میں سرایت کر چکی ہیں۔ پاپولر میرٹھی کے کلام سے ثابت ہوتا ہے کہ بھارت کے حساس شعرا معاشرتی برائیوں کی نشاندہی کا فرض ادا کرنے میں کوتاہی نہیں کرتے۔ سیاست میں فوجی مداخلت کے علاوہ بھارتی سماج ہم سے کہیں بدترین صورتِ حال کا شکار ہے۔ بھارتی سیاست دانوں پر پاپولر میرٹھی کی طنز کا ایک انداز دیکھیے:

یہی ہیں کاغذی انڈوں کے بچے
یہ لیڈر جتنے ڈھالے جا رہے ہیں
نہ اماں کوئی ان کی ہے نہ ابّا
مشینوں سے نکالے جا رہے ہیں

مکالماتی مزاح کی ایک مثال:

اس مرتبہ بھی آئے ہیں نمبر ترے تو کم
رسوائیوں کا میری کیا دفتر بنے گا تو
بیٹے کے سر پہ دے کے چپت باپ نے کہا
پھر فیل ہو گیا ہے، منسٹر بنے گا تو؟

پاپولر میرٹھی کے ہاں صورتِ واقعہ سے مزاح کا ایک کرشمہ:

کسی جلسے میں اک لیڈر نے یہ اعلان فرمایا
ہمارے منتری آنے کو ہیں تیار ہو جاؤ
یکایک لاؤڈ اسپیکر سے گونجا فلم کا نغمہ
"وطن کی آبرو خطرے میں ہے بیدار ہو جاؤ"

۲۰۔ زاہد فخری

معاشرے کی بے اعتدالیوں کو صحیح معنوں میں منظرِ عام پر لانے کی کوششیں زاہد فخری کے ہاں بار آور ٹھہرتی ہیں۔ ان کی نظموں کو خاص و عام میں قبولیت کا اعزاز حاصل ہے۔ افسر، ماتحت، شوہر، ساس، سسر، بیگم وغیرہ ان کے متحرک کردار ہیں جن کے ذریعے مہنگائی، زر پرستی، ریاکاری، دھوکہ دہی وغیرہ پر ظرافت کی ضربیں لگاتے ہیں۔ ان کی معروف نظم "مکالمہ" سے اسی نوع کے دو بند بطور مثال دیکھیے:

شوہر: تجھے کشمیر سمجھا تھا مگر تھرپار کر نکلا
نہ اماں تیری افسر ہیں، نہ ابّا ڈاکٹر نکلا
ترے اس حسن کے پیچھے بیوٹی پارلر نکلا
میں نیلے لینز میں ڈوبا تو جا کر کاشغر نکلا
نہ جھمکے تیرے اصلی ہیں نہ اصلی تیرا کوکا ہے
محبت کر کے بھی دیکھا محبت میں بھی دھوکا ہے
بیگم: امارت کا ہر اک دعویٰ ترا بیکار ہی نکلا
وزیروں میں کوئی انکل نہ کوئی یار ہی نکلا
نہ انکم ٹیکس میں کوئی بھی رشتہ دار ہی نکلا
نہ کوئی جاب ہے تیری نہ کاروبار ہی نکلا
پلازہ جس کو کہتے تھے وہ اک چھوٹا سا کھوکھا ہے
محبت کر کے بھی دیکھا محبت میں بھی دھوکا ہے

زاہد فخری نے "عید، افسر اور میں" کی عنوان سے جو نظم لکھی، اس میں سرکاری اور نجی محکمہ جات کے افسران کی ایک جداگانہ رنگ کی دھونس کو موضوع بنایا ہے۔ بظاہر یہ مزاحیہ شاعری کا ایک نمونہ ہے لیکن اس کے اندر اُن تلخ تجربات اور مشاہدات کو بیان کیا

گیاہے جس میں افسر اپنے ماتحتوں کو ذاتی ملازم سمجھ کر اُن سے مالی فوائد اُٹھاتے ہیں اور ماتحت اس چکر میں ہوتا ہے کہ اُس کو کام میں کچھ چھوٹ اور ترقی میں افسر کی معاونت ملے۔ زاہد فخری نے افسر پر تو طنز کر دی ہے لیکن ماتحت کی نفسات کو جان بوجھ کر نظر انداز کر دیا ہے:

عید، افسر اور میں

مرا افسر مجھے ہر عید پر قربان کرتا ہے
وہ بکرا عید پر میرا بہت نقصان کرتا ہے
نہ جانے کون سی دنیا میں وہ خوش خواب رہتا ہے
ہمیشہ پانچ سو کا نوٹ دے کر مجھ سے کہتا ہے
کہ میں اس کے لیے عمدہ سا اک بکرا اٹھا لاؤں
مناسب سا کوئی دنبہ کوئی چھترا اُٹھا لاؤں
وہ کہتا ہے کہ مہنگائی میں ہے لازم بچت کرنا
مگر بکرا جو تگڑا ہو مجھے محروم مت کرنا
بڑا شاطر زمانہ ہے نہایت ہوش سے جانا
اگر بکرا نہ مل پائے تو پھر اک گائے لے آنا
اگر گائے نہیں تو اونٹ ہی چل جائے گا پیارے
زمانہ اب نہیں ہے وہ کہ انساں شیخیاں مارے
بقایا جو بچے میری طرف سے عید رکھ لینا!
پکے گی جو کلیجی عید پر وہ تم بھی چکھ لینا

طنزیہ و مزاحیہ شاعری کے جدید ترین دور کے درج بالا شعرا کے علاوہ اُن شعرا کی

ایک بڑی تعداد اس عہد میں دکھائی دیتی ہے جنھوں نے ہمہ وقت مزاحیہ شاعری تو نہیں کی لیکن انھوں نے اس میں طبع آزمائی ضرور کی۔ اس عہد کی سب سے بڑی خوبی جس نے مزاحیہ شاعری کو یکساں طور پر ملک بلکہ دنیا کے کونے کونے تک پہنچایا، وہ الیکٹرانک میڈیا (ٹیلی ویژن، ریڈیو، کیبل، ٹیپ ریکارڈر، انٹرنیٹ وغیرہ) ہے جہاں سے مزاحیہ مشاعروں کے توسط سے اس شاعری کو دوام حاصل ہوا۔ ان مشاعروں کے لیے کوششیں کرنے والوں کا تذکرہ نہ کرنا یقیناً ان کے ساتھ زیادتی ہو گی۔ اس سلسلے میں ضیاء الحق قاسمی (مرحوم)، ڈاکٹر انعام الحق جاوید اور ڈاکٹر اظہر زیدی نے ناقابلِ فراموش خدمات انجام دیں اور دنیا کے کئی ملکوں میں ایسے مشاعروں کا مستقل اہتمام کرنے کے لیے مسلسل جدوجہد کی۔ اخبارات ورسائل نے بھی ان مشاعروں کی کوریج میں نمایاں خدمات انجام دیں ہیں۔ اب ہر قومی اور مذہبی دن کی مناسبت سے مزاحیہ مشاعرے منعقد ہوتے ہیں۔ عیدالفطر اور عیدالاضحیٰ کے مواقع پر تو پاکستان ٹیلی ویژن ان مشاعروں کا بطور خاص اہتمام کرتا ہے۔ شعرا کی توجہ، عوام کی دلچسپی اور سب سے بڑھ کر حکومت کی سرپرستی سے طنزیہ و مزاحیہ شاعری کا مستقبل روشن نظر آتا ہے۔

***

CW00455679

الہ جات

ا۔انور مسعود،شاخِ تبسم،اسلام آباد،دوست پبلی کیشنز، اے ۸،خیابان سہر وردی، پوسٹ بکس نمبر ۲۰۰۰، ۱۹۵۸،ء، ص ۱۵

۲۔انور مسعود، شاخِ تبسم، ص ۴۵

۳۔ ظفر عالم ظفری، ڈاکٹر، اردو صحافت میں طنز و مزاح، ص ۳۲۳

۴۔ سیّد ضمیر جعفری، نشاطِ تماشا، لاہور، سنگ میل پبلی کیشنز، ۱۹۹۳ء، ص ۱۴

۵۔انور مسعود، شاخِ تبسم، ص ۱۶۱

۶۔ انعام الحق جاوید، ڈاکٹر، گلہائے تبسم، اسلام آباد، دوست پبلی کیشنز، اے ۸، خیابان سہر وردی، پوسٹ بکس نمبر ۲۰۰۵، ۲۹۵۸ء، ص ۲۰۷

۷۔انور مسعود، شاخِ تبسم، ص ۲۶۵، ۲۶۴

۸، ۹۔ انعام الحق جاوید، ڈاکٹر، دیباچہ، پانی وچ مدھانی، عبیر ابو ذری، لاہور، الحمد پبلی کیشنز، رانا چیمبرز، چوک پرانی انار کلی، لیک روڈ، اشاعت دوم ۱۹۹۸ء، ص ۱۸، ۱۷

* * *